天上何曾有谪仙

李太白别传

辛晓娟 著

广州新华出版发行集团
广州出版社

图书在版编目（CIP）数据

天上何曾有谪仙：李太白别传 / 辛晓娟著. —广州：广州出版社，2024.4
ISBN 978-7-5462-3677-3

Ⅰ.①天… Ⅱ.①辛… Ⅲ.①李白（701-762）—传记 Ⅳ.①K825.6

中国版本图书馆CIP数据核字（2024）第006347号

书　　名	天上何曾有谪仙：李太白别传
	Tianshang Heceng you Zhexian：Litaibai Biezhuan
著　　者	辛晓娟
出版发行	广州出版社
	（地址：广州市天河区天润路87号广建大厦9、10楼
	邮政编码：510635　网址：www.gzcbs.com.cn）
策划编辑	何　旻
责任编辑	司丽丽
责任校对	王俊婕
印刷单位	三河市祥达印刷包装有限公司
	（地址：三河市杨庄镇杨庄村　邮政编码：065200）
规　　格	880 mm×1230 mm
开　　本	1/32
印　　张	5.5
字　　数	128千
版　　次	2024年4月第1版
印　　次	2024年4月第1次
书　　号	ISBN 978-7-5462-3677-3
定　　价	48.00元

发行专线：（020）38903520　38903521
如发现印装质量问题，影响阅读，请与承印厂联系调换

天上何曾有谪仙

李白是中国历史上最伟大的诗人之一。他给我们留下了近千首诗作,妇孺皆知,光芒万丈,似乎已无须多讲。而在诗作之外,他本身便是一个传奇,是最闪耀的文化符号,融入整个民族的记忆。一千三百年过去了,王侯将相皆成灰土,而他的名字依然如日月耀眼。他的身影仍活跃在书本里、舞台上、荧幕中,仿佛从不曾离去。

诗仙、剑仙、酒仙。

绣口一吐,就是半个盛唐。

他的人格魅力至今熠熠生辉,倾倒众生。

他是明月的化身,是盛唐的象征,是自由与不羁的礼赞。

几乎每个会中文的人都听过他的名字,然而又没人能说清他的一生。

他从何而来,去往何地?

他因何狂傲,因何落魄?

他以长庚星为名,一生行迹也如星辰般耀眼,亦如星辰般神秘。

为了让大家更加了解这位伟大诗人,本书整理了李白一生的行迹，缀以他最脍炙人口的诗篇，试图勾勒出他真实而传奇的一生。

目　录

第一章　诗仙少年时 / 1

　　李白的身世：一个千古谜题 / 李白的出生地：一场延续千年的抢人大战 / 李白的十五岁：成为诗仙的准备 / 太白秘参：李白长什么样？ / 蜀道难否？ 峨眉山月：一生相伴，情从此始 / 太白秘参：李白的剑术高吗？

第二章　从开元到天宝 / 30

　　荆门，庐山，天门山：一路经行一路诗 / 初受挫折 / 且行且吟 / 太白秘参：李白到底有没有钱？ / 恭喜，李白成家了 / 静夜幽思 / 从安陆到安陆：受挫，再受挫，再再受挫 / 洛城里的笛声 / 太白秘参：李白为什么总是干谒不成功？ / 清风扫门，明月侍坐——暂栖寿山 / 李白的朋友们——孟夫子，丹丘生 / 五花马到底是什么马？ / 太白秘参：为什么那么多人喜欢李白？ / 太白秘参：唐代酒价到底几何？ / 黑暗的时光 / 终于到天宝了

第三章　从谪仙到谪臣 / 85

　　长安三年 / 梦断帝师，名成诗仙 / 诗仙与诗圣的相逢 /

太白秘参：你知道在唐朝诗仙其实并不专指李白吗？／拔剑四顾心茫然／寻访谢安、暂别谢安／未能忘苍生／放不下的国事／太白秘参：李白最好的朋友是谁？／又一位相国家小姐／相看不厌的一座山、一座城／安史之乱

第四章　长庚星落／139
误入权力的游戏／长流夜郎／杜甫梦中的李白／太白秘参：李白的书法与"道法"／千里江陵一日还／千秋万岁名／明月归处／谢家青山／太白秘参：李白救过郭子仪吗？

结束语／168

第一章　诗仙少年时

上李邕
大鹏一日同风起,扶摇直上九万里。
假令风歇时下来,犹能簸却沧溟水。
时人见我恒殊调,闻余大言皆冷笑。
宣父犹能畏后生,丈夫未可轻年少。

开元八年(720),时任渝州刺史的李邕收到一卷诗文。李邕不仅官做得高,还是有名的文人,因而有许多未成名的文人将自己的得意之作录成卷子呈给他观看,希望他能品评一二,并举荐自己为官。这叫"行卷",是唐代士人们最爱走的捷径。

这次行卷的是位从未闻名的少年人,李邕并未看得上,未作出任何回应。几天后少年人再度将卷子递了上来,李邕就让一名小吏去给行卷的少年人回话,但没什么褒奖之言。他的意思很明显:少年,你的才华并没有你想象的那么高,我也不会举荐你。李邕没将这件事放在心上,但几天后,少年的一首诗传入他耳中。这首诗就是《上李邕》。

诗中少年将自己比为飞翔于九万里高空的大鹏,就算是落在地上，也能令沧海生波。虽然某些目光短浅的人看不惯他的狂傲才气，但总有一天这些人会仰面看着他在天上飞翔。这首诗并未让李邕有什么触动，只是觉得少年太轻狂，自以为是，他不会改变主意举荐他。

李邕错了吗？以他的价值观来看，或许他没有错。这少年终其一生，都未能做得了高官，凭借官威让世人生"畏"。不乏有人跟李邕有一样的观点：这名少年不适合做官。但这名少年却凭借他超绝的才气，成为中国文坛上最耀眼的一颗明星。时至今日，我们提起盛唐时就会想到他，提起诗文时就会想到他，甚至提起中国时就会想到他。他的确成了扶摇直上九万里、风歇下来也能簸却沧溟水的大鹏，只不过不是在官场，而是诗坛、文坛。

这名少年，就是李白。

❦李白的身世：一个千古谜题

古朗月行（节选）

小时不识月，呼作白玉盘。
又疑瑶台镜，飞在青云端。
……

这是李白少有的几首回忆自己幼时的诗之一。从"不识月"可以看出，此时应是李白牙牙学语之时，连月亮都不认识，只好将它比喻成白玉盘；再看看，明月又好像一面镜子，挂在青云之上。两个比喻童稚可爱，富有情趣，透露出李白自幼就超越常人的想象力。

但这首诗也让我们联想到一个千古谜题，李白的出生地究竟在哪里？

读者或许会感到疑惑，李白这么著名的诗人，出生地在哪难道都不清楚？和李白时代差不多的其他大诗人，都有清楚的记录，比如王维出生于蒲州（今山西运城），杜甫老家是巩县（今河南巩义）。唯独李白的出生地至今没有确切的答案。

李白不仅出生地不清楚，父亲是谁、母亲是谁，都不清楚。李白称自己为"李十二"，在家族里排行第十二，前面还有十一位哥哥，但他们叫什么、做过什么，没一位是清楚的。

很离谱是不是？但更离谱的是，就连李白是不是真的姓李，也不清楚。那么他总该是中国人吧？也不一定。有学者提出过一个观点，即他是"国际友人"；后世一些小说家更是大开脑洞，认为李白是天上星宿下凡……不管怎么说，李白都是灿若星河的大唐诗人群体中，最光华夺目也最神奇浪漫的一颗。

是什么让李白这么与众不同？

原因在于他传奇的出身。

宝应元年（762），李白六十二岁时在当涂病倒，投奔当涂县令李阳冰，将自己的诗稿托付给李阳冰。李阳冰写了篇序，叫《草堂集序》。序中关于李白身世的记叙都是听李白亲口讲的，应该是最为可信的第一手资料。

《草堂集序》中说李白是凉武昭王李暠（hào）的第九代子孙，祖上犯了罪被放逐到条支（今吉尔吉斯斯坦和哈萨克斯坦一带），被迫改换姓名，连"李"都不能姓了，一连五代都是平头百姓。

直到神龙①初年，李白的父母才回到蜀地，恢复李姓，生下李白。

李暠是什么人？李暠是西凉的开国国君，一开始任后凉的敦煌太守，因后凉无道起兵，建立了西凉政权。李暠称自己是西汉李广的十六世孙，李白沿袭了这一说法："本家陇西人，先为汉边将。功略盖天地，名飞青云上。"这个"名飞青云上"的"汉边将"，就是李广。

那么李白的先祖就是飞将军李广，祖上曾出过一国之主凉武昭王李暠。李暠身份最显赫的一点在于，他是唐皇室的先祖。也就是说，李白跟现在的皇帝是一家人。

但李白的名字并没有出现在唐宗室的正式名单中。天宝元年（742）唐玄宗命人重新修订宗室名单，李白不在其列；《新唐书·宗室世系表》这一官方家谱中也没有李白。许多研究者因此推定李白在此事上说了谎，郭沫若说的话最直接："所谓李暠九世孙之说，看来是李白本人或其先人所捏造，目的就在抬高自己的门第……"

这就是为什么说李白身世不清楚。李白说过自己的身世，但没有确切的证明，也没有获得官方的承认。

但同样是《新唐书》，在《李白传》中说"李白，兴圣皇帝九世孙"，直接沿用了《草堂集序》的说法。

其实，李白未必在身世上说了谎。李白之所以没被收录到唐宗室的名单中，是因为李白的祖先失去了官方身份证——谱牒。在古代，一个人姓甚名谁、籍贯哪里、祖辈是谁，都记载在谱牒

---

① 武则天最后一个年号，唐中宗沿用。

中,并加盖官府的印章。类似于今天婴儿出生,先要去派出所把孩子的信息加到户口簿中,为孩子领身份证,让孩子的出生获得官方的承认。谱牒既是古人的出生证,也是身份证。然而,李白的祖先被流放到条支,又被迫更名换姓,还怎么向官府申领正式的身份证呢?如此,当李白一家回到中原后,又哪有谱牒自证身份?所以不见得是李白说谎,他的身世就决定了他不可能自证身份。范传正在给李白写的碑文中证实了这一点:"隋末多难,一房被窜于碎叶,流离散落,隐易姓名。故自国朝已来,漏于属籍。"

正因如此,才出现了一开始的那些谜题。李白出生在哪里?没有出生地的谱牒证明,不清楚。李白的父亲、母亲、十一位哥哥,也都没有谱牒证明,不清楚。甚至连到底是不是真的姓李都不清楚。李白的父亲倒是有名字——李客。客就是客居他乡的意思,显然不是真名,是个代称,类似于火车上的广播"李姓旅客"。这很可能是因为他们还在隐姓埋名,唯恐别人知道。

那为什么说李白是星宿下凡呢?《草堂集序》说,李白出生时,母亲梦到长庚星(也就是太白金星)前来投生,因此世人都把他当成是太白金星的转世。这又为李白的出生增加了几分神秘的色彩。

在研究李白的生平时,最让我费解的一点是,李白的家族从条支回来后,就一直居住在蜀地,但李白自二十四岁出蜀后,似乎再也没有回过家乡,诗文中也近乎从未直接提及自己的家人。这不是很奇怪吗?难道李白的祖先犯的罪就那么重,一直到李白父亲这一辈,按李阳冰的说法,已经过去五辈人了,还唯恐被人查知吗?

还是说这些相关的记载，后来被刻意地删除了？李白的身世中，藏着某些唐王室不想披露的秘密？

这些谜题，到现在都没有完全解开，这增加了李白的传奇性。他的一生，似乎从出生开始就藏在神秘之中。他所说的朗月，究竟是哪里的月亮？他到底是不是唐宗室？他的祖上又犯了什么罪？从敦煌到条支、从条支到蜀地的那些年里，他和他的家人们又经历了什么？

无人知晓。

说到这里，读者可能会发现，我们还是没有回答这个问题：李白的出生地究竟在哪里？这个问题我们必须得专文论述，因为它牵扯到一场延续千年的"抢人大战"。

❀李白的出生地：一场延续千年的抢人大战

2009年发生过一场这样的官司：湖北省安陆市搞了一个活动来纪念李白，称安陆是李白的故里，没想到引起了四川江油的不满，专门发函，禁止他们用"李白故里"这几个字做宣传。双方就"李白故里"究竟在安陆还是江油你来我往发动了一场论战，互不相让，最后双方协商能否共同使用"李白故里"这一名号。

这听起来有些不可思议，李白故里到底在哪里难道还用争吗？

故里，一般指出生地。李白的出生地，那可不是一般的有争议。因为李白的故里有"金陵说""山东说""蜀中说""碎叶说"。这场争端不仅现在存在，古代就有。不仅民间在争，文人墨客、达官贵人也都在争。说它是场"千年战争"都不为过。每种说法都信誓旦旦地说李白肯定出生在自己这里，不信你去看这个经、那个典。

首先出场的是南京，南京古称金陵。"南京说"为自己找到的代言人是李白本尊。家乡南京，是李白自己亲口说的。李白在《上安州裴长史书》说"白本家金陵，世为右姓"，就是说，我家本来在金陵，世世代代都是豪门大姓。够清楚吗？够明白吗？诗仙本人都这么说了咱还争什么？所以南京觉得自己当仁不让的是李白故里。

其次出场的是山东。"山东说"的代言人也同样大名鼎鼎，是李白的好友兼迷弟之一、"历史上最伟大的诗人"名号的另一位有力竞争者，杜甫先生。杜甫在长安遇到了一位叫薛华的年轻人，称赞薛华"近来海内为长句，汝与山东李白好"，说这几年歌行写得好的，就是你薛华和山东的李白了。杜甫是李白同时期的人，跟李白同游过，友情深厚终身不忘，杜甫的亲口所言，难道还不够吗？元稹在给杜甫写墓志的时候直接称"山东李白"，力挺杜甫的说法。这两位可都是大诗人，说话很有分量。不仅如此，《旧唐书》直接说"李白……山东人"，还说李白的父亲当过任城尉，任城在济宁一带，因此家安在那里，李白自然也就由金陵子弟变为山东大汉了。

是不是"山东说"也好有道理？

更有道理的来了，就是"蜀中说"。"蜀中说"的代言人就多了，魏颢、李阳冰、范传正，几乎所有为李白出过诗集、作过序的人都是"蜀中说"的支持者。他们虽然名气没"山东说"的几位支持者大,但却是亲耳听太白先生(或其后人)讲的!魏颢,李白第一迷弟,奔徙三千里追李白,不见到面绝不罢休,还得李白亲口授权出版了《李翰林集》,并写了序。在序中他直接说李白家在绵州,生于蜀,是蜀人。这与李阳冰所说,李白的父亲先回到蜀地再生李白相符。唐代范传正,明代王世贞、李贽、杨慎都持这样的看法。

"蜀中说"一度获得了广泛的认可,没想到又出现了一个后来居上的竞争者,这一学说更为石破天惊:李白都不再是中国人了,而成为一位国际友人。这就是"碎叶说"。比较起前三种学说,它的代言人的名声一点都不低:陈寅恪和郭沫若先生。两位学者都认为李白是先出生在吉尔吉斯斯坦的碎叶镇,再回到蜀地。这与李阳冰所说的祖上犯罪被流放条支并不矛盾,因为碎叶是小地名,条支是大地名,碎叶是条支的一部分。倒也不能说李白真的是外国人,因为在唐代,碎叶镇与龟兹、疏勒、于阗并称为安西四镇,仍属于唐领土,就算李白出生在碎叶,也妥妥的是中国人。

是不是觉得四种说法都很有道理?李白的出生地到底在哪里,说不清楚了?

让我们来筛选一下。

第一个出局者,是"金陵说"。

虽然李白是金陵子弟这一说法来自他的自述,但遗憾的是没有任何文献能佐证这一点,从而让南京这个竞争者自己都有点心虚。

再后来有学者考证,认为金陵的"陵"字可能是个错别字,应为金城的"城"字。不是"本家金陵",而是"本家金城"。金城郡在哪里呢?在陇西一带。而李暠是陇西成纪人,所以"本家金城",其实还是在说李白是凉武昭王李暠九世孙。说的是李白的祖籍,而非李白出生地。

南京:就为一个错字,我争了半天?

第二个出局者,是"山东说"。推翻"山东说"的重任,落到了明代人杨慎身上。

山东:你杨慎是蜀人,你真的不是暗藏私心?杨慎:是的,我就是。

杨慎举证说杜甫这句诗也有错字,不是"山东",而是"东山"。"近来海内为长句,汝与东山李白好"。山东李白和东山李白,颠倒了两个字,意思天悬地殊。

何为东山李白?李白有一位文化上的偶像——谢安。谢安曾经隐居东山,携妓出游,是魏晋风流的典型代表人物。李白特别欣赏他,还曾刻意模仿谢安的行为,所以时人就称李白为东山李白。这个东山是谢东山的意思,和山东没有任何关系。所以在杨慎看来,杜甫当时并没有搞错,而是元稹搞错了,"倒读杜诗",才造成了这样一个乌龙。

山东:我也是因为一个错字?

"山东说"决定绝地反击：我还有《旧唐书》！但遗憾的是可能真的是《旧唐书》搞错了。李白的父亲从条支回来，这是大家公认的，所以他不太可能再去山东做任城尉。李白后来有很长一段时间居住在山东，确实也有位做任城尉的亲戚，但不是他父亲，而是他的一位叔父。

错字害人啊！

"蜀中说"的行情因此看涨，"碎叶说"也不罢休。双方你来我往，战斗方酣。

那安陆又是如何入场的呢？

安陆之所以称自己是李白故里，其实不是因为李白出生在这里，而是因为李白在这里娶妻，将家安在了这里。关于李白与许氏夫人的故事会在后文详加论述。这么一说，山东任城又重新加入了团战，南京觉得自己又行了，宣城也举手：我也可以啊！太白曾经七入宣城，说个第二故乡，是妥妥没问题。

到底谁的说法更有道理？李白的出生地到底在哪里？

我个人最支持的一种说法，不是上面列举的任何一种，而是明代哲学家李贽在《焚书》中提出的：

> 呜呼！一个李白，生时无所容入，死而千百余年，纷而争者无时而已。余谓李白无时不是其生之年，无处不是其生之地。亦是天上星，亦是地上英。亦是巴西人，亦是陇西人，亦是山东人，亦是会稽人，亦是浔阳人，亦是夜郎人。死之处亦荣，生之处亦荣，流之处亦荣，囚之处亦荣，不游不囚不流不到之处，读其书，见其人，亦荣亦荣！莫争

第一章 诗仙少年时

莫争!

这是我见过的最大气磅礴、最令人服膺的说法。争什么李白是哪里人?只要读李白诗的地方,李白就是那里的人!李白是什么人?李白是盛唐人,是中华人。我们是什么人?我们是盛唐人,是中华人。焉用乎争?

这可以说是为这场千年抢人大战画上了个句号。可以有共享单车、共享充电宝,焉不可以有个"共享李白"?

而实际上,在纷争了千年之后,四种说法,最终也达成了和解。

如今,在安徽省马鞍山市当涂县李白的墓园中,有一片"谪仙林"。看似一片普普通通的树林,却有它的特殊之处。林中种着五棵桂花树。这五棵桂花树脚下的土壤来自五个不同的地方,分别是吉尔吉斯斯坦共和国、四川江油、湖北安陆、山东济南、安徽当涂。五位使者,各自带着一抔泥土,从千里万里之外来到此地,来到李白最终的归葬之地。他们把这一抔泥土埋在了谪仙林,种下一棵桂花树。

这个行为似乎是对李白故里之争的一次和解,也象征着李白和他辉煌的诗篇,不属于任何一个地方,他既不属于西蜀,也不属于安陆,也不属于任城;但同时,他又属于西蜀,属于安陆,属于任城,属于当涂,属于全中国,属于全人类。他既是天上星,也是地上英,我们每一个人都可以将自己视为他的同乡,视为他的后辈,视为他的追随者与继承者。

❀李白的十五岁：成为诗仙的准备

李白的出身是一个谜题，出生地争而不定，但其少年时期的居住地却很确定，就在四川的昌明县（今江油），具体来说是昌明县下的青莲乡（也称清廉乡）。李白后来自称青莲居士，似乎跟这个乡名有着一定的关系。

昌明县西北有座山叫匡山，是李白少年时的读书处。李白称自己"五岁诵六甲，十岁观百家"，这段读书岁月，从很早就开始了。开元十二年（724）李白二十四岁时写了著名的《峨眉山月歌》，离开蜀地，可以视为这段读书岁月的终结。从五岁到二十四岁，李白差不多在蜀地读了二十年的书。

那李白究竟读的是什么书？

李白自述"五岁诵六甲"。六甲不是一般的书，包含了很多奇门遁甲的内容，道法、兵法等知识，不太容易掌握。但是我们的李太白在五岁的时候，就可以诵读这样的书，可以说是天才儿童。"十岁观百家。轩辕以来，颇得闻矣"，说是轩辕黄帝以来，整个历史，诸子百家，所有的书，都有所涉猎。而"十五观奇书，作赋凌相如"，李白年纪轻轻已经能写出非常杰出的作品，和西汉大文学家、四川老乡司马相如比肩。这也并非自吹自擂，李白确实有大量的名作作于少年时代，这和杜甫颇多不同。虽然杜甫也说自己"七龄思即壮，开口咏凤凰"（《壮游》），但杜甫集子中的名作大多作于四十岁以后。而李白则有非常多优秀的篇章，编年都在他二十几岁至三十几岁的时期，所以说李白是一位真正的少年天才。

对当时那些有才华的少年而言，面前摆着一条顺理成章的实现抱负之路，那就是参加科举考试，然而李白却因祖上获罪不愿走。不太好走这条路，更可能是他性格的原因，考试是不可能的，一辈子都不可能。但功名还是要追求，不然一身大才，何以经世济用？

李白说，我不屑于奔走科场。我要做指点天下、辅佐明主的帝王师。

很多人都会觉得这想法不靠谱。当时可是封建王朝，上升途径非常有限。普通人做官的途径就那么几条，而李白家里已经五世为庶，走不了门荫①的路子。靠谱的指望，就是参加科举考试，"朝为田舍郎，暮登天子堂"，靠知识改变命运。不考科举，连见皇帝一面都难如登天，还怎么当帝王师？岂不是痴人说梦？

而这时，有一个人站出来说，还真的能。

这个人就是赵蕤。

赵蕤，字太宾，人称"赵处士"，有一本著作《长短经》。《长短经》共六十三篇，分十卷，从"练士""教战"到"君德""臣行"无所不包。《长短经》到底是讲什么的？一言蔽之，讲的是"王霸之道"。什么叫"王霸之道"？难道是像楚霸王那样逐鹿天下？当然不是，那是要杀头的。"王霸之道"就是辅王佐霸之道，也就是李白的理想——帝王师。

---

① 门荫，又称恩荫，是封建社会的一种制度。祖辈、父辈为高官，则子孙后辈在入学、入仕等方面享受特殊待遇。即父祖为官，则子孙亦可不经考试取得相应品级的官职。

赵蕤的道与李白的理想不谋而合。不仅如此，赵蕤因为早年几次应科举失败，非常看不上科举，他认为辅王佐霸就不该走科举之路，他给李白找了另一条路——干谒。科举需要参加全国统一的考试，考中后成为进士，获得入朝为官的机会；干谒顺利的话，由官员名流直接向朝廷举荐，也可以做官。李白一听大喜，行非凡之事就该走非凡的途径，这太适合他了。

从此李白就跟着赵蕤学习。

那么，赵蕤的《长短经》到底是如何实操的呢？他到底有哪些方法让李白走通干谒之路？

第一，才华要高。国朝以诗为重，诗写得越好，文名越高，干谒成功的可能性就越大。这是"习文"。

李白：这我可以。

第二，要修习道德神仙之术，要幽隐栖居。唐朝以道教为国教，自天子到皇亲国戚再到达官贵人，几乎人人都修道。修仙求道能得到更多被举荐的机会。岂不闻"终南捷径"乎？这是"修道"。

李白：这我喜欢。

第三，唐朝重武，多游侠尚武之士。不要小瞧这些侠，他们可都是贵胄子弟、五陵年少，手眼通天的！跟他们处好了，既能扬自己的义名，又能得到更多举荐的机会。这是"学剑"。

李白：这我擅长啊！

习文、修道、学剑，李白实现自己政治理想的方式，从此确定了。此后他一直贯彻着这条道路，交游干谒与隐逸求仙同时进行着。不能不说这些方式中都有功利的成分，都有在唐朝这个特定的年代迎合皇帝及达官贵人的因素。在这三者的学习中，李白并没有被束缚，反而个性更加张扬、才华更得施展。他的人生中不乏失意之时，但他从未因这三者失过意，他可以躲在其中，让那些失意不会伤到自己。他也可以在其中昂扬进取，让现实中的失意变得渺小，变得遥远。在后文中我们将会看到，经历几次干谒失败后，李白的诗并没有止步不前，而是出现更多的名篇，为他赢得更大的名声，同时也帮助他渡过眼前的失意。李白之所以旷达，并不仅仅是性格，而在于他很早就找到了失意的渡船。

李白具体是怎么做的呢？

李白的诗文中有个有意思的现象，就是他喜欢回忆自己的十五岁。"十五观奇书，作赋凌相如。""十五学神仙，仙游未曾歇。""十五学剑术，遍干诸侯。"十五应该是个约数，指的就是这段少年读书时光。这段时光令李白印象最深、觉得成就最高的是什么？就是习文、修道、学剑。这应该是李白在蜀中二十年读书生涯的主要事务。

李白习文有多刻苦呢？有个例子可以证明。据记载，李白在蜀中读书时曾"三拟词选"。词选就是《文选》，是南朝太子萧统组织文人编选的、中国现存的最早的一部诗文总集。它收录了自周代至六朝共一百三十多位作者的诗文，几乎囊括了梁以前所有的著名篇章。李白"三拟词选"，就是前后三次模拟《文选》中的诗文，这样的大工程，没有毅力是绝对做不到的。而对《文选》的模拟，让李白对从先秦到六朝时期经典诗文有了很深的理解，并对前代名家的诗歌技巧有了掌握，为他后来在艺术上的登峰造极做好了准备。

所以说李白虽然不想考试,但并不意味着他不学习。相反,他比任何人都刻苦。有这样一则民间传说:李白在山中读书时,有次不想读了,到山下玩,玩得正高兴,遇到一位老太太磨铁棒。李白很奇怪,问她做什么,老太太说要把铁棒磨成针。李白很惊讶,这么粗的铁棒怎么可能磨成针呢?老太太说一天磨不成就两天,只要功夫真,铁杵磨成针。老太太的话让李白大受触动,自己立下了那么高的志向,怎么能因为学得难受就放弃呢?李白拜谢了老太太,继续回去读书。这个故事可能是后人杜撰的,但从中也可以看出,李白在人们眼中既是一位天纵奇才,也是刻苦奋斗的榜样。

年岁渐大后,李白开始在川渝一带游历,结交修道、游侠同好之人,干谒官员,为施展自己的"王霸之道"作准备。《上李邕》就是这段时间的作品。可惜的是,李白在这一过程中并无建树,几次干谒也都无功而返,甚至不乏难堪的场景,但李白并未在意。因为他知道巴山蜀水之外,是更广阔的天空,他这只大鹏,会在那里腾空而起。

❀太白秘参:李白长什么样?

说到李白长什么样,大家一定会回想起我们教科书上的那张画像。你要说这位少侠也不过相貌平平,那就错了。看看杜甫、唐玄宗被画成什么样,是不是一下子感觉李白天庭饱满,地阁方圆,一看就是位带着盛唐气象的诗人了?那么李白真的就长这个样子吗?其实不然。

第一章 诗仙少年时

这张画像出自清朝乾隆时期的南薰殿旧藏。1747年,乾隆皇帝在内务府里发现了一批明代留下的画像,这些画像以历代帝后为主,也有贤臣、学士等,李白也在其中。乾隆皇帝龙颜大悦,除了在上面大盖各色印章以外,还下令让匠人把这批画像都装裱收藏,这就是南薰殿旧藏的来历。它在清代被发现,可能是明代宫廷的旧藏,但即便来自明代,离李白生活的盛唐也有一段时间了,所以未必是李白的真容。

那么李白到底长什么样子呢?我们不如来看看李白的"自爆"。

李白在《与韩荆州书》中说自己"虽长不满七尺,而心雄万夫",于是很多人据此猜想李白应该是一个小个子。然而这很有可能是误解。因为这里涉及一个度量单位的问题:李白所说的"尺",折合现在多少厘米?

唐代墓葬出土的唐尺,一般长度是三十厘米。日本正仓院收藏的唐代的唐尺,也是接近三十厘米。按唐尺计算,七尺就是两米一。这样看来好像一点都不矮。当然,李白这里也有可能是在用典,是以前代的标准来算。那么唐代以前的一尺是多长呢?汉代墓葬中出土的尺子要比唐代的短得多,大约只有二十厘米,按此计算的话,七尺就不到一米七了。所以啊,无法因为李白说自己身不满七尺去判断他到底是两米一的大汉还是一米七的小个子,只能说李白的重点是为了烘托自己的万丈雄心,并不是说自己的身高不够。

李白曾经描述过自己的相貌"自峨眉而来,尔其天为容,道为貌,不屈己,不干人,巢由以来,一人而已",浩浩苍穹仿佛他的容颜,渺渺大道就是他的相貌。可以说大气磅礴,具有一种亦仙人亦王者的气度。不过这似乎有些抽象,很难想象具体的形态。那么在李白朋友们的眼里,他到底是什么样子呢?我们可以参考一下当时亲见过李白的人的描述。

第一个参考资料是魏颢的《李翰林集序》。魏颢是李白的头号"迷弟",追星追了三千里地,终于追到李白。这样的一个狂热"迷弟",见到偶像之后心情想必是非常激动。他眼中的李白,很可能带着偶像光环。但除开这一点,他的说法仍然值得参考,毕竟见过谪仙又留下记录的人不多。

魏颢说李白"眸子炯然,哆如饿虎,或时束带,风流酝藉"。"眸子炯然",这个很好理解,是说李白的眼神炯炯有神,凌然生风。"哆如饿虎"就不太好理解了,哆是张开口的意思,是说李白的神态如虎啸山林,叱咤生风。

唐代有一部著名的传奇小说《虬髯客传》,主人公是著名的豪侠虬髯客,小说描写他时说"纱帽裼裘,亦有龙虎之姿",就是说,虬髯客戴着纱帽,把裘皮大衣披在身上,半袒着胸口,这是非常风流不羁的模样,看上去有龙虎之姿。而李白的模样就与此类似。

再看后半句"或时束带,风流酝藉"。若李白束起衣带,穿起正装又是什么样子呢,"风流酝藉",立即从豪侠转变为魏晋名士的模样,可以说可文可武,变化万端了。

第二份资料来自李白的另一位朋友崔宗之。读过《饮中八仙歌》的读者一定会对他有点印象:"宗之潇洒美少年,举觞白眼望青天。"在这位美少年眼中,李白是什么样子的呢?"袖有匕首剑,怀中茂陵书。双眸光照人，词赋凌子虚。"（《赠李十二白》）在崔宗之眼中，李白是两面的——既是豪侠，又是文人。

说他豪侠，是因为"袖有匕首剑"。唐代人有仗剑游侠的传统，然而在大多数文人那里，剑多半是装饰，是自我身份的标榜。但把匕首藏在袖子中，显然不是为了炫耀和标榜，而是有实用价值的。我们后文会提到，李白的确也会点"武功"，有过任侠的经历，曾经"手刃数人"。

另一方面，李白又是一位文人，怀着修齐治平的理想。"怀中茂陵书"用了司马相如的典故，相传司马相如病重时，汉武帝派使者到司马相如的家里去，想搜集他留下的著作，免得他死后失传。使者去了之后，发现司马相如只留下了一卷书，是有关皇帝封禅的规划。可见其至死心忧天下。这就是"茂陵书"。从崔宗之的描述来看，李白一手名剑，一手诗卷，兼具侠客与文人的双重形象。

对李白的容貌有一定了解后，难免会想到另一个有些"八卦"的问题，那就是既有龙虎之姿，又风流蕴藉的李白，平时是什么造型呢？路人看到他又会有什么反应呢？我们仍然可以从史书中找到第一手材料。《旧唐书·李白传》里记载，李白被赐金放还之后，居于金陵，经常与当时的侍御史崔成甫月下乘舟，饮酒赋诗。李白"着宫锦袍"，穿着宫锦做成的袍子，华贵绚烂，光彩照人，在舟中"共瞻笑傲，旁若无人"，可以说既洒脱、又倜傥。

李白在诗歌中也记载过这件事。有一天，月华如水，勾起了李白的雅兴，"忽忆绣衣人，乘船往石头"。他突然想到了崔成甫，便乘一叶扁舟往石头城去了。他当时什么打扮呢？"草裹乌纱巾，倒披紫绮裘。"乌纱巾是唐代男子裹在头上的软巾，本来就是非正式的装扮，李白嫌这样还不够潇洒，不够有名士风度，于是还要"草裹"，把头发随便地裹起来，恨不得像竹林七贤那样披发而出了。既然发型是这样的，服装当然也要匹配。紫绮裘是一种华丽的裘袍，据现代学者考证是道教的高级服饰，总而言之，是身份的象征。但李白偏偏要"倒披"，这像不像刚才我们说的虬髯客的"褐裘"状态呢？这副打扮在当时是非常引人注目的，两岸的人看到扁舟之上有这样一位"仙人"，都拍手而笑，以为自己见到了魏晋的名士王子猷。而李白也完全不顾路人们的反应，继续啸傲舟上，旁若无人。

总之，在目前留下的有关李白的材料中无法看到他的写真，是一大憾事，但我们却能从这些记述里勾勒出一个亦狂亦侠亦温文的形象。

❀蜀道难否？

蜀道难

噫吁嚱，危乎高哉，蜀道之难，难于上青天！
蚕丛及鱼凫，开国何茫然。
尔来四万八千岁，不与秦塞通人烟。
西当太白有鸟道，可以横绝峨眉巅。
地崩山摧壮士死，然后天梯石栈相钩连。
上有六龙回日之高标，下有冲波逆折之回川。

第一章 诗仙少年时

黄鹤之飞尚不得过,猿猱欲度愁攀援。

青泥何盘盘,百步九折萦岩峦。

扪参历井仰胁息,以手抚膺坐长叹。

问君西游何时还?畏途巉岩不可攀。

但见悲鸟号古木,雄飞雌从绕林间。

又闻子规啼夜月,愁空山。

蜀道之难,难于上青天,使人听此凋朱颜。

连峰去天不盈尺,枯松倒挂倚绝壁。

飞湍瀑流争喧豗,砯崖转石万壑雷。

其险也若此,嗟尔远道之人胡为乎来哉?

剑阁峥嵘而崔嵬,一夫当关,万夫莫开。

所守或匪亲,化为狼与豺。

朝避猛虎,夕避长蛇,磨牙吮血,杀人如麻。

锦城虽云乐,不如早还家。

蜀道之难,难于上青天,侧身西望长咨嗟!

关于此篇诗作的创作时间、主旨,学术界有很大争议。我个人认为,此篇并无讽喻,是单纯吟咏蜀道险峻之作,且应创作于李白青壮年时期。因此,姑且将它放在这一章讲述。

《蜀道难》是乐府旧题,相和歌辞的一种。梁简文帝、阴铿都曾以此为题写作,吟咏蜀道的艰难之状。蜀地与中原隔着秦岭,古时道路不通畅,要翻越秦岭非常困难。历史上有几次不得不穿越蜀道的大事,比如诸葛亮北伐、魏灭蜀等,都留下了极其惨烈的纪录。蜀道虽然令人望而生畏,但迫于交流,又不得不翻越,因此受到很多人关注,逐渐成为了一种象征。这也是历代吟咏《蜀道难》的缘由。

从整体结构上来看,这首《蜀道难》中"蜀道之难,难于上青天"重复出现了三次,将整首诗分为三节,每一节从一个方面来写蜀道的难行。第一节从开头到"然后天梯石栈相钩连",从蚕丛、鱼凫这些上古的帝王,到秦五丁开山,既是写蜀道的由来,又是在写蜀道难的第一难:古行难。第二节从"上有六龙回日之高标"到"砯崖转石万壑雷",是从今人攀登行走的过程来写蜀道难的第二难:今行难。再从此句到结尾,是第三节也是蜀道难的第三难:世道难。三节三重难,回环相因又互相递进,共同形成反复吟咏而又渐攀其高的艺术美感。

"噫吁嚱"出自蜀地乡语,是蜀人用来表示惊讶的语气词。开篇用此,给人一种用蜀人的口气写蜀道难的代入感。连本地人都觉得难,可见它是真的难。这是太白以蜀人的身份创作这首诗歌的优势。

蚕丛、鱼凫都是上古时蜀的先祖,以"四万八千岁"的夸张手法来描写道路不通的时间,可见这段路程山势是多么险峻。那么是如何修成了蜀道呢?李白采用了"五丁开山"的民间传说。秦惠王想攻打蜀国,但没有道路通过去,就用了个计谋,他让人铸了五尊金牛,故意让蜀王知晓。蜀王起了贪心,想把金牛运回自己的王宫,就找了五名大力士开凿蜀道。大力士就是"丁"。蜀道凿通了,但五名浑身神力的大力士也因为开道引起的山崩被压死了。而秦惠王就沿着蜀王开出的道路,攻入蜀地,灭掉了蜀,蜀王自己凿出自己的灭国之道。故事充满了寓言式的神话色彩,李白采用这一说法,给蜀道增添了神秘感,也让本诗充满了猎奇之美。

第一节用词古、奇,第一句就像是一支直插人心的奇兵,一下子就将蜀道难的结论凿入人心。然后以上古虚茫之事、神怪之语将人引入到那个苍茫、神秘的世外之国,呈现出与外界迥然不同的壮丽色彩。李白的歌行向来有进入快的特点,越是长句就越要在第一句就打动人。《将进酒》"君不见黄河之水天上来",《宣州谢朓楼饯别校书叔云》"弃我去者,昨日之日不可留",没有交代、没有铺垫,一开口就要举座震惊,三两字就要引人入胜。这首诗也同样如此。

第二节用实际在蜀道上行走时的见闻、感受来写蜀道到底难到什么程度。第一节是传闻,这一节是亲历,在层次上更丰富,也增加了可信度。从实际行文来看,第二节有很多重复的内容。这么长的篇幅,实际上是在不断地书写山高、路险、鸟难渡这三件事。"上有六龙回日之高标,下有冲波逆折之回川。黄鹤之飞尚不得过"三句逐一写了这三件事。"青泥何盘盘,百步九折萦岩峦"又在写路险;"扪参历井仰胁息"再次写山高;"畏途巉岩不可攀"第三次写路险;"但见悲鸟号古木,雄飞雌从绕林间。又闻子规啼夜月,愁空山"又在写鸟难渡;"连峰去天不盈尺"第三次写山高;"枯松倒挂倚绝壁"第四次写路险。但没有读者会感到重复。为什么?因为诗人在这一节中使用了多次视角转换。分别是鸟的视角、我的视角、第三者的视角。行文中既有自咏自伤,又有两人对话,还有客观描写,这都让读者不再去关注诗句的内容是否重复。"但见悲鸟号古木,雄飞雌从绕林间。又闻子规啼夜月，愁空山"是鸟的视角，"以手抚膺坐长叹"是"我"的视角，"使人听此凋朱颜"第三者的视角。"仰胁息……坐长叹"是自咏自伤，而"问君西游何时还"则以两人对话的语气说出。穷极变化而又和谐共处，不让读者觉得单调，又将蜀道之难的印象通过反复吟咏逐步加深。太白的绝顶笔力在此展现无遗。

  第三节则将蜀道难升华为世道难。西望蜀道，诗人想到的不仅仅是自己怎么走这段路，还有国家该怎么走这段路。"所守或匪亲，化为狼与豺"，所谓"生年不满百，常怀千岁忧"，面对着自己人生中的困难时，诗人由衷地想到了世道的艰难，也让篇末"蜀道之难，难于上青天"这一感慨从入蜀者这个小团体扩大到天下士人。居安思危，心念苍生，太白拳拳之心，在这一刻超越了他几度干谒无门的忧虑。身寄江湖，心存魏阙。

  他思索的，不仅仅是个人的扬名立万，还有天下苍生的苦乐。

❀峨眉山月：一生相伴，情从此始

峨眉山月歌

峨眉山月半轮秋，影入平羌江水流。
夜发清溪向三峡，思君不见下渝州。

  开元十二年，李白二十四岁，离开蜀地前往中原。李白走的是水路，应该是为了避开"难于上青天"的蜀道。此行应该带着很多资财，才能在金陵"散金三十万余"，所以水路是不错的选择。

李白离开蜀地的季节是秋季，路线是从峨眉山到平羌江再到清溪，最后是渝州、三峡。短短的一首诗里嵌了五个地名，不觉烦琐，而是天巧浑成、毫无痕迹，故历来备受推崇。读这首诗的人，极少会关注到诗中地名的多与少，地名没有带来迟涩，反而相互串联，形成一种奇特的流畅感，带着人一路向前，在渝州戛然而止，将情绪停留在"思君不见"的惆怅上。

让我们来看一下诗中出现的地名。峨眉山不需多解释，平羌江即今之青衣江，是岷江的支流，流经峨眉山。青衣江在嘉州（今乐山）汇入岷江。清溪是岷江边上的一个驿站。三峡在渝州的下游，应为目的地，而不是先经过三峡再到渝州。"江水流"是江行之景，诗人应该是从峨眉山的方向坐着船经平羌江来到清溪驿，从这里再前往三峡。

从诗中可以看出，这是诗人在蜀中的最后一段路程，行过之后就到达渝州了。渝州属于巴地，与蜀地不同，是异乡。这勾起了诗人的离愁别绪。但诗人表达离愁的手段很巧妙，他不是在跟人告别，而是在跟月亮告别。诗中的"君"并非指某人，而是指月亮。用"君"来指代月亮，用的是拟人的手法，把月亮当成了人。"峨眉山月半轮秋"，写秋，写半轮月，这自然之景象似乎也带了悲戚之情。"影入平羌江水流"，江水流动，月随之前行，似乎是月亮不舍得诗人离开，一路从峨眉山相伴，依依送行。"夜发清溪向三峡"，诗人终于要离开了，在清溪驿或许是太忙乱，或许是太感伤，没有顾得上月亮。"思君不见下渝州"，等从清溪驿离开时，诗人突然想起了月亮，想跟月亮告别，但不知什么时候月亮已不见了。诗人一路望着天等待着，希望能再见到月亮，希望能跟它道个别，希望它能陪伴自己前往从未去过的异乡，但月亮始终再没有出现，诗人只好带着怅惘的心情独自前往异乡渝州。本诗无一字写离别之情，但离情别绪却浸在每一个字中。用"想再见到故乡月"这一曲折的表达，书写诗人不愿离开故乡的眷恋之情，实在配得上"天巧浑成"的赞语。

月亮在李白的诗歌中有着极为独特的地位，《古朗月行》《峨眉山月歌》《静夜思》《关山月》……李白一生不知写了多少与月亮有关的诗篇，欢喜时写它，忧愁时写它，思念时写它，感怀时写它。不光写得多，还写得精，写得巧，写得万古传颂。谁不知道"床前明月光，疑是地上霜"？谁没读过"明月出关山，苍茫云海间"？谁不为"举杯邀明月，对影成三人"击节赞叹？但又有谁能写得出来！读李白的诗，有时忍不住会想，他所见到的月亮，跟我们所见到的究竟是不是同一个？为什么他见到的月亮就那么多情，那么富有生命力？

这篇《峨眉山月歌》，就把李白见到的月亮生动地呈现在了读者面前。李白见到的月亮不光有情绪，还会送别，会难过得不忍相见。我们共享了李白，李白却独享了一轮月亮。

就这样，李白离开蜀地，经荆楚到了金陵，而后在安陆娶妻成家，三入长安，最后葬于当涂。历史上没有确切的文献证明此后他再入过蜀，很可能这就是他在蜀地的最后一夜。《峨眉山月歌》就是李白与故乡的最后告别。写这首诗时，李白能想到他再也不会回来吗？他之后是否再见过他的父母、再在少年读书处停驻过？

但不管怎样，这位蜀山少侠，终于从万重水、千重山中走出来了。

开元十二年，唐玄宗刚换上第四任宰相张说，经过十二年的励精图治，大唐国势鼎盛，进入赫赫有名的开元盛世。而唐玄宗也正年富力强，圣主明君之相日益深入民心。

时代准备好，让这只大鹏腾飞了。

❀太白秘参：李白的剑术高吗？

李白不止一次夸过自己剑术高。

《与韩荆州书》中说自己"十五好剑术，遍干诸侯"。还曾经说自己"托身白刃里，杀人红尘中"（《赠从兄襄阳少府皓》）。埋葬吴指南时，面临猛虎而不退。第一次入长安时，也多结交五陵少年、游侠子弟，过着斗鸡走马、轻生死重然诺的生活。

从李白自己的描述中看，他似乎是个剑术高人。那么别人怎么看？

比李白生活的年代稍晚，有一位文人叫裴敬，他曾经给李白写过《翰林学士李公墓碑》，里边说到李白"心许剑舞"，李白非常喜欢剑舞。剑舞并非普通的舞剑，很有技术含量。大名鼎鼎的剑圣裴旻就极擅长剑舞，李白曾想跟着他学习。杜甫《观公孙大娘弟子舞剑器行》中写剑舞"观者如山色沮丧，天地为之久低昂。㸌如羿射九日落，矫如群帝骖龙翔。来如雷霆收震怒，罢如江海凝清光"，煞是凌厉，应该不仅仅是舞蹈。李白"心许剑舞"，应该多少也掌握点这一绝学。

李白的好朋友崔宗之说他"袖有匕首剑,怀中茂陵书",李白随身带着宝剑,看来的确是爱好剑术。侧面说明他的剑术确实有一定的水准。

那李白的剑术究竟高到什么程度呢?李白有一首诗约略写到了这一点。

《叙旧赠江阳宰陆调》(节选):

> 风流少年时,京洛事游遨。
> 腰间延陵剑,玉带明珠袍。
> 我昔斗鸡徒,连延五陵豪。
> 邀遮相组织,呵吓来煎熬。
> 君开万丛人,鞍马皆辟易。
> 告急清宪台,脱余北门厄。

李白初入长安时,还秉持着一贯的游侠习气,跟斗鸡徒、五陵豪相交游。却不料他想的是结交论生死,别人却想着他的钱,见他"腰间延陵剑,玉带明珠袍"就起了歹心,相互组织起来,准备把李白抢了。多亏了陆调过来解围,才让他免除这场"北门厄"。之所以说"北门厄",是因为这帮不法分子是北门军的军人,陆调一直告到御史台才吓退他们。

李白过了十八年再见陆调时还记着这事。陆调,真侠士也。但这首诗也侧面反映出李白的剑术即使高,也高得有限,远没到他所说的"十步杀一人,千里不留行"的地步。被一群小混混围住了,得靠陆调来解围。当然这帮小混混也不简单,属于禁军之列，打了很麻烦，但至少李白想"不留行"是不行的，还是被留下来了。

　　李白明确表示过想师从裴旻学剑术，所以他的剑术并没达到出神入化的水平，还需要老师指点，才能更上一层楼。但说他不会剑术也不对，应该还是会的，普通人能够收拾几个，碰上一帮子成建制的流氓，那就没办法了。

第二章　从开元到天宝

从《峨眉山月歌》可以看出，李白出蜀后第一站是渝州，然后是三峡，之后他一直走的是水路，沿着长江向下游航行。他有没有目的地？

短期来看，他的目的地应该是金陵（今南京），金陵是六朝古都，在唐朝已经是人物繁盛、名彦汇集，无论经济之繁华还是文教之盛都闻名全国。李白出蜀后把这里作为第一站是合理的。这里有大量从京师过来的高官，有利于他行干谒之事；有很多富贵之士，有利于他传播自己的名声。按照一般人的思路，到金陵之后，他应该积极干谒，把自己在蜀中创作的诗文呈献给各位官员名士，然后等着他们赏识。李白的确这样做了，但又不仅止于此。他的精力，并未浪费在干谒交际上，而是一路漫游，一路追寻着前人笔下的山胜迹。这条从蜀中到金陵的漫漫长路，并非仅仅是求名、求官之路，也是求诗之路。李白伟大的创作征程，才刚刚开始。还有更多锦绣篇章，待他在漫游的途中，一笔笔书写。

❀ 荆门，庐山，天门山：一路经行一路诗

李白沿着长江而下，路上若遇到古迹名胜，都会让船暂且停留，上岸游览。经过荆门、庐山、天门山时，写下了三篇名垂千古的诗篇。

渡荆门送别

渡远荆门外，来从楚国游。
山随平野尽，江入大荒流。
月下飞天镜，云生结海楼。
仍怜故乡水，万里送行舟。

荆州郡城外江上有两座山，南边的是荆门山，北边的是虎牙山。二山相对，不远处有个渡口，这就是"渡远荆门外"。渡口是人上船下船的地方，也是送行的地方，这是题目中"送别"二字的含义。那么，是不是有人在这个渡口送别李白呢？

且细看这首诗。

荆州，已是古楚地，这是"来从楚国游"的指意。这句的主体是"我"，也就是远游的诗人。极目望向原野，只看到群山没入原野的尽头，一条大江流到茫茫远处。写的是景，也是从巴蜀到楚地地势的转换，连绵不断的高山崇岭到了尽头，来到平原地区了。第五句点出时间是晚上，"下""飞""生""结"四个动词，把月夜多云的静态景色写成了动态，如同在读者面前演出了一场

宏大的夜月之舞，最后再归结到江水上。通篇看去都是写景，除了李白没有第二个人，那么是不是李白的题目写错了，实际没有人来送别他呢？

答案在最后一句，送他的不是人，是"故乡水"。《峨眉山月歌》中用了拟人的手法，用"君"指月亮。月亮从平羌江一路相随给李白送行，到了清溪驿，月亮似乎不胜离别之情，躲着不敢见他。李白一直等着，月亮却一直没有出现，将离乡的不舍之情借拟人写得委婉而巧妙。本诗也同样用了拟人的手法。在诗人的想象中，那天峨眉山月没有送自己，但今日的故乡水却跟随自己走了一万里路，一直把自己送到这里。李白此行顺江而下，江水是从哪里来的呢？从蜀地流到巴再流到楚。所以说这里的水是"故乡水"，是蜀地流过来的水，逻辑上一点问题都没有。由蜀到楚风物全变，就连地势也变成了平原，云让人想起海，这与群山环抱而与海绝不相通的蜀地已经完全不同，举目望去全是陌生的，唯一熟悉的是什么呢？就是这江水。它是故乡的化身，带着绵绵情意，一路陪伴着自己。

回归到第一句"渡远荆门外"，在渡口李白难免会看到有人在送行，有人在依依惜别，而自己呢？自己孑然一身，远在异乡，没有人来送别。幸好有一江故乡水伴随游子。"仍怜"二字，写出了孤与不孤、愁与不愁的万种情绪。极致巧妙，却又举重若轻，娓娓道来。这便是李白诗抒情性的一个特色：深沉绵密的情感，却用洒脱、从容的方式抒发而出。

第二章　从开元到天宝

望庐山瀑布

日照香炉生紫烟，遥看瀑布挂前川。

飞流直下三千尺，疑是银河落九天。

诗中所说的瀑布一般认为是开先瀑布，俗称瀑布水，在庐山南麓鹤鸣峰下的秀峰寺旁。而香炉峰则众说纷纭，有人认为是在庐山东南，有人认为是在庐山西北。为什么？因为据考证，庐山以"香炉"为名的山峰，竟然有四座之多。至于"生紫烟"这个特征，放在庐山就不叫特征，每座香炉峰都有人认为"烟云聚散"。

这首诗好不好？好，绝好。苏东坡就曾专门写过一首诗来称赞它："帝遣银河一派垂，古来唯有谪仙词。飞流溅沫知多少，不与徐凝洗恶诗。"

诗中提到的徐凝是中唐诗人，也写过一首《庐山瀑布》："虚空落泉仞千直，雷奔入江不暂息。今古长如白练飞，一条界破青山色。"《云溪友议》里记载了一则小故事，说白居易任杭州刺史时，徐凝和张祜都想得到他的举荐，白居易便让他们当场吟诗作赋比赛，比赛完，白居易觉得徐凝更胜一筹。张祜不服气，找出自己诗文中得意的句子来跟白居易争论：写得这么好还不够吗？白居易觉得不够，这些诗句写得虽好，但都比不上徐凝这一句"今古长如白练飞，一条界破青山色"。

由此可见徐凝这首诗写得多么好，竟然能压服张祜这位著名诗人，连白居易都为之赞叹。不要觉得这是小说家言，皮日休就曾专门写过一篇《论白居易荐徐凝屈张祜》，说明确有此事。

就是这首诗，被苏东坡讥嘲为"恶诗"。是这首诗真的"恶"吗？不，是因为李白的诗太好了。好到什么程度呢？好到苏东坡认为，自李白写完这首诗后，谁再写庐山瀑布谁就是自不量力。

这首诗到底好在哪里？

答案是不知道。

看上去平平无奇，前两句平实描述，后两句不就是把瀑布比成银河吗？又不是没人这样比喻过。气象恢宏，但仅是如此吗？似乎这首诗中有某种说不清、道不明的东西，让人一见就觉得好，但到底好在哪里，却又说不出来。

李太白似乎第一次向世人展现出他"谪仙人"的才情——超凡脱俗，妙不可言。

让人有相同感觉的还有《静夜思》："床前明月光，疑是地上霜。举头望明月，低头思故乡。"简简单单，万古流传。人人都觉得好，但要让人说好在哪里，又似乎无从说起。

中国历史上从来不缺伟大的诗人，唐朝就有很多，杜甫、王维、李贺、杜牧、李商隐……多得是。但他们的诗大多能说出好在哪里，后人解诗的时候，能分析出"因为……所以……"。比如"烽火连三月，家书抵万金"，情感真挚，饱含忧国之情，所以好；"明月松间照，清泉石上流"运笔空灵，饱含禅境，所以好。而李白的一些诗却不同。它们说不出太多"因为……所以……"，只是好。援引严羽的说法，那就是：羚羊挂角，无迹可寻。

这就是诗仙。让凡俗世人知其然，而不知其所以然。是见首不见尾的神龙，是云笼雾罩的海外仙山。

李白的诗，人人觉得好，却又很难说明好在哪里。这不全是因为我们诗才不够才说不明白，其实很多古代评论家、文学家也说不明白。妄自揣测一下，说不定连苏轼也有同样的感觉。要是能说出《望庐山瀑布》好在哪里，还用得着"拉踩"徐凝吗？苏东坡都做不到的事，我们何须枉费精神？遇到这样的诗，我们唯一能做的就是，将它多念几次，记诵于心。等有一日，真与庐山烟云飞瀑相逢，有瞬间的兴来神会，说一句：太白兄，还得是你。

望天门山

天门中断楚江开，碧水东流至此回。
两岸青山相对出，孤帆一片日边来。

天门山在安徽省当涂县。这里是楚尾吴头，经过此地就进入吴了。距离李白短期的目的地金陵，不足一百公里。

天门山不是一座山，而是两座，分别矗立在长江两岸。江东岸的叫东梁山，江西岸的叫西梁山，也分称博望、梁山。两座山紧贴着江边，夹江而立，像是城门一样，所以并称为天门山。天门山又有个名字叫二虎山。光听这些宏伟的名字，肯定会以为天门山极高，怎么也得有个上千米吧，险峰陡峭，夹江如天庭之门。其实不然。天门山还有个名字叫"蛾眉山"，不是"峨眉"是"蛾眉"，"蛾眉"是用来形容女子的眉毛好看，特征是细而且长，天门山之所以被比作蛾眉，是因为它很矮。东梁山海拔81米，西梁山海拔88米，两座山都矮而平，望过去像是铺在江边的眉毛，故称"蛾眉"。"天门中断楚江开"也并非常见之景，只有船行到一个特定的位置才能看到。如果天气差一些，甚至连山都隐没不见。

很出乎意料是不是？这个误会很多人都有。不乏有人在介绍这首诗时提到天门山多么宏伟，这一景象多么雄壮。"天门中断楚江开"令人想到的不是两座低而平的"蛾眉"，而是《山海经》中的吴姖天门："大荒之中，有山名曰月山，天枢也。吴姖天门，日月所入。有神，人面无臂，两足反属于头山，名曰嘘。""日月所入"的山有多高多大？想必会经天纬地、高万仞、上通于天吧。这座山是天的"枢"，也就是说天空是被拴在它上面的。有一名叫"嘘"的神被绑在山顶上。区区"天门中断"四字，就让我们产生了这么多联想。下一句"碧水东流至此回"是说长江到了天门山这里，由向东流转向向北流，因此出现了漩涡，看上去像是江水掉转了头。这一句在想象上也延续了前一句，令人不由自主地想到《列子》中的归墟："渤海之东不知几亿万里，有大壑焉，实惟无底之谷，其下无底，名曰归墟。八纮九野之水，天汉之流，莫不注之，而无增无减焉。"所以《望天门山》给读者形成的印象，是吴姖天门顶天立地、万流齐汇归墟的天地尽头的山海奇观。

为什么如此普通之景在诗人眼中会变成山海奇观？这就是诗人跟我们普通人看世界的不同。在我们眼里，天门山低矮普通，但诗人却像是戴了一副VR眼镜，让实景与想象中的神话奇观自动融合，产生极富冲击力的艺术效果。

但看这首诗的文字，诗人又没有用什么宏大的词语，反而非常近似于平白直叙，描写景色时也没用什么夸张之语。天门山中间断了江水流过,江水在这里往回流。两岸有两座相对的青山,江中间有一艘船。遣词造句上并不华丽,却极大地拓展了人的想象空间。这是为什么?因为诗人眼里的文字,跟我们眼里的文字不同,在诗人眼里,要表现宏大之景不需要宏大的词语。如果说《望庐山瀑布》是一片神行、好到没法说,《望天门山》则为我等凡人留下了门径,像是诗人在用一个例子教我们怎么用诗仙的眼睛去看世界、怎么用诗仙的眼睛去看文字,值得好好体会。

很多读过这首诗的人,去当涂旅游看到真实的天门山时都会深感失望。毕竟与诗中所写相差太远,但先不要失望,而要试着去用诗仙的眼睛去看一看。难得的不是天门山多么雄壮,而是诗仙把他眼中的世界,隔了一千三百年,留在了这里。值得我们吟咏壮句,去看那天枢入日、万壑归墟的山海奇景。

"碧水东流至此回"的含义,历来的注者已说得很清晰——江水在这里从向东流折向向北流,江水激荡形成漩涡,造成倒回去流的假象。没错,江水的确是从此后向北流了,所以南京附近的这一地区在古代才被称为"江右",或者"江东"。但是,长江一路由蜀到吴,曲折蜿蜒,从向东流折向向北流的地方何止十处、八处,为什么单单说这里是"东流至此回"呢?这令人不得不联想到《峨眉山月歌》的山月送行,和《渡荆门送别》里的"仍怜故乡水,万里送行舟"。故乡水送了一万里,一直到荆门还在送;那到哪里才不送了呢?会不会就是这里?为什么到这里不送了?是不是因为快到终点了?过了这里就距金陵不远,而且江面开阔,再无三峡那样的险地,故乡水终于可以放心地回去了。这,或许也是"至此回"的另一种解法吧。

李白"去国辞家，仗剑远游"，此行是怀着上谒天子、名成帝师的理想去的。金陵又是他的第一个目的地。他走到这里，突然看到一扇天造地设的门，船往前行，门当着他的面打开，门后是无边锦绣，仿佛他一登此门，就会鱼跃成龙。他会怎么想？他还会在乎这扇门是高是矮吗？他还会吝惜自己无边的想象力与生花妙笔吗？

回头来看这三首诗，再加上《峨眉山月歌》，李白在出蜀的这一路上，还未到目的地，就写出了四首传诵千古的名篇。可以说，这是他诗歌创作历程中的第一个丰收期。那么，是什么触发了他的灵感，让他的诗艺得以"再上一层楼"呢？

在这里不得不再提李白之前在蜀中的读书岁月。李白的这段读书岁月很自在，也很用功，"三拟词选"，写了大量的诗文。他或许曾在这些诗文中无数次吟咏过庐山、荆门、长江，却没有真正见过，只是从前人的诗文中推演得知。等他出蜀之后，这些早就在他诗文中出现过无数遍的祖国大好河山，突然真实地出现在他面前，可想而知会对李白形成何等强烈的冲击。想象与现实的激烈碰撞，使李白的创作激情得到了极大的提升。他从向壁虚题变成了实战，原来在书本里建立起来的想象之境渐渐被更真实、更鲜活的东西取代充填，这个过程是生长、是刺激，是五颜六色的妙笔生花，也是李白能在这么短时期内创作出这么多名篇的原因。

此外，去国远游也是对李白情绪上的一次强烈的刺激，第一次离开家乡这么远，第一次独自一个人面对整个世界，第一次为理想奔波努力，第一次见到外面的天空，第一次看到楚地吴天跟巴蜀是多么不同，不遇的忧虑与理想的壮阔同时作用在诗人丰富而敏感的内心，只有一个词能形容，就是不吐不快。

可以说，没有蜀中二十年的读书岁月，没有"三拟词选"，没有刻苦而漫长的积累，就不会有这些名篇的诞生。李白不想参加科场考试，但他却做好了准备，面对人生与时代的考试。

门开了，前面就是金陵。

❀ 初受挫折

金陵酒肆留别

风吹柳花满店香，吴姬压酒劝客尝。

金陵子弟来相送，欲行不行各尽觞。

请君试问东流水，别意与之谁短长？

这首诗可以视为李白在金陵及附近江右之地的短暂生活的写照：门开了，我来了。

到达金陵后，李白又去了扬州，这两地都是著名的烟花地，所谓"腰缠十万贯，骑鹤下扬州"，李白有没有十万贯？有。他不到一年，就花了三十万。

李白这时期写了很多与美人有关的诗，还有这首《金陵酒肆留别》。似乎他在江右就是倚红偎翠、醉心歌舞，真是这样吗？

实则他在江右认真地践行着自己的帝师之路。

李白在《上安州裴长史书》中说了自己那三十万钱的去向。"曩昔东游维扬，不逾一年，散金三十余万，有落魄公子，悉皆济之。此则是白之轻财好施也。"李白的钱大部分并没有花在酒肆歌楼中,而是周济落魄公子,谁缺钱送给谁。目的是为了建立"轻财好施"的美名。所以他一个外乡人才能在离开金陵时让"金陵子弟来相送"。

《上安州裴长史书》里还记载了一个真实的故事。李白在楚地遇到一位好友吴指南,两人很投契,一起漫游楚地。到达洞庭一带时,吴指南不幸因病去世。李白非常痛心,"单服痛哭,若丧天伦",穿着孝服在一旁痛哭,好像失去了至亲之人。那正是炎炎夏日,友人遗体很快腐烂,但是李白毫不在乎,抚尸痛哭,"泣尽而继之以血",旁边的路人见到李白的样子,都为之伤心。随着时间的流逝,野兽闻到气味,纷纷围了上来,要吃掉吴指南遗体,但是李白坚守不动。最后实在没有办法,李白在洞庭湖边草草埋葬了吴指南,继续前往金陵。之后无论遇到多少新朋友,无论在金陵烟花之地过得多么快乐,李白始终都没有忘记自己的朋友还在洞庭湖边等着他。几年之后,李白重回旧地,亲手挖开当年草草埋葬的坟墓,数年过去了,皮肉都已腐烂,但是"筋骨尚在",李白一边流泪,一边重新收拾了吴指南的骸骨,用包裹装好,背在身上。无论白天赶路,还是夜间投宿,都不曾放下这个包裹。直到找到一处风景秀丽之地,重新把友人安葬。那时李白几乎身无分文,仍借钱在鄂城之东为吴指南举办了一场体面的葬礼。

这段经历生动地说明了李白重然诺的侠义本色。因此,他在江右散金三十万的豪举,并不仅仅只为邀名,而是真心实意地让自己做到"存交重义"。习文、修道、学剑不仅仅是敲门砖,也

第二章 从开元到天宝

是他为自己选择的人生道路。千载之后，我们读到这个故事，仍会感动于李白对友人的守护。李白一诺千金，念念不忘。这是真正的豪侠才有的作为。李白不是一个传统的文人，他既是一个侠客，又是一个诗人。更进一步地讲，当李白走出蜀地，登高远眺茫茫中原时，映入眼帘的，既是供诗人挥墨的锦绣江山，也是任少侠驰骋的快意江湖。

李白的修道也有所进展。在这里，他见到了司马承祯。司马承祯是唐朝有名的人物，可以称得上是道教第一人。武后多次征召他做官，他辞而不就。睿宗仍然征召，这次他去了京师，但还是不想做官。玄宗再次召见赐官，他挂冠而去。李白修道为的什么，不就是被天子征召吗？司马承祯可以说是他心目中的理想人物。司马承祯一见李白就惊为天人，认为李白有仙风道骨，是天生的神仙，可与神游八极之表，给了李白极高的礼遇。李白专门写了一篇《大鹏遇希有鸟赋》来记载此事，将自己比作大鹏，将司马承祯比作希有鸟。这篇赋写得好到什么程度呢，据说后来长安城里每户人家都藏着一个抄本，简直堪比"洛阳纸贵"。

但李白最心心念念的干谒却遇到了挫折。他把自己的诗文合集递交给两地的官员，却都如石沉大海，没有回应。李白没有得到任何一位官员的赞赏或举荐。如果在蜀中还是初遇波折的话，那他在江右就迎来了人生第一次真正的打击。此时的李白身无长物，又染上疾病，写了首诗寄给赵蕤，"功业莫从就，岁光屡奔迫……朝忆相如台，夜梦子云宅"。翻译过来就三句话，受打击，好难过，想回家。

李白出蜀时抱着建功立业的期望，司马承祯的激赏让他对自己更有信心。有时他觉得，得到举荐坐致公卿应该是件很容易的事，但现实却给了他当头棒喝。

于是，他想到了故乡，独自泪下。"含悲想旧国，泣下谁能挥？"

❀且行且吟

李白的一生似乎有个规律，帝师之路就没有顺畅过，说是备受打击都不为过。但诗仙之路却出奇的顺利，堪称神挡杀神佛挡杀佛。甚至可以说，每次他在帝师之路上备受挫折时，他在诗仙之路上就会前进一大步。

这次也不例外。

李白顺江而下经过了两个地方，一是楚，一是吴。这两个地方是《乐府诗集》中西曲和吴声的发源地。李白在蜀中时"三拟词选"，西曲吴声肯定写了不少。但那时他没出过蜀，只能根据古人写成的乐府诗来模拟。现在，他来到了西曲吴声的发源地，亲耳听到了这些民歌在田间地头回响。于是他恍然大悟，原来这些民歌是这样被创作出来的——那些山中采药、江边拉纤的儿郎们，会用这样的声音咏叹劳动的艰辛；而那些陌上采桑、溪头浣纱的少女们，会用这样的语调诉说心底的相思。于是，当他再次创作乐府诗时，便可以越过那些僵化的文人拟作，直接拟向乐府诗的源头。

这，给了他超越前人的机会。

这段时间内，李白集中创作了大量乐府诗歌，《白纻辞》《江夏行》《荆州歌》《杨叛儿》……美人、歌酒甚至芙蓉帐不时在诗中出现。这些诗,真的说明李白过着偎红倚翠的浪子生活吗?不像。更像是李白有意识地进行西曲吴声的采风。比如诗人曾就"采莲女"这一题材写了好几首诗,诗中隐约可以看到诗人的探索,究竟采莲女要怎样写最动人?直到写到"若耶溪傍采莲女,笑隔荷花共人语。日照新妆水底明,风飘香袂空中举"(《采莲曲》),诗人方才满意。同样的例子还有《长干行》:

> 妾发初覆额,折花门前剧。
> 郎骑竹马来,绕床弄青梅。
> 同居长干里,两小无嫌猜。
> 十四为君妇,羞颜未尝开。
> 低头向暗壁,千唤不一回。
> 十五始展眉,愿同尘与灰。
> 常存抱柱信,岂上望夫台。
> 十六君远行,瞿塘滟滪堆。
> 五月不可触,猿声天上哀。
> 门前迟行迹,一一生绿苔。
> 苔深不能扫,落叶秋风早。
> 八月蝴蝶来,双飞西园草。
> 感此伤妾心,坐愁红颜老。
> 早晚下三巴,预将书报家。
> 相迎不道远,直至长风沙。

其实李白还有一首《江夏行》,内容几乎与《长干行》完全相同。"忆昔娇小姿,春心亦自持。为言嫁夫婿,得免长相思。谁知嫁商贾,令人却愁苦。自从为夫妻,何曾在乡土。去年下扬州,相送黄鹤楼。眼看帆去远,心逐江水流。只言期一载,谁谓历三秋。使妾肠欲断,恨君情悠悠……"写的也是少女嫁人之后,夫婿远离的相思之苦。写得也非常好。但似乎诗人总觉得缺少点什么,一直在思索如何将它写得更好。终于有一天,一道灵光在诗人心中闪现:要写相思苦,得先让两个人的感情深得自然、深得让读者感同身受。于是《长干行》就从两人年幼时写起,从两小无猜一直写到白头偕老,催泪指数随之飙升。诗人终于满意了,不再继续写这个题材了,我们也多了一首必须背诵的古诗。

所以说,李白在江右一带并不是流连歌楼酒肆,而是在探访西曲吴声的源头,进行一场采风之旅。李白的乐府成就有多高?《唐音癸签》评价说:"拟古乐府,至太白几无憾,以为乐府第一手矣。"单就古乐府这一体而言,李白的艺术成就可以说是前无古人后无来者。能到达这样的绝顶之境,这段时期的采风功不可没。

李白江右干谒的计划虽然徒劳无功,却在漫游中得吴地青山绿水、风土民情、民歌谣谚的襄助,可以说不虚此行。这位来自蜀中的天才少年,向着诗仙之境又跨出了一大步。

❀太白秘参:李白到底有没有钱?

李白在诗中经常以富可敌国的形象出现。"金樽清酒斗十千,

第二章 从开元到天宝

玉盘珍羞直万钱。""五花马、千金裘，呼儿将出换美酒。""手持绿玉杖，朝别黄鹤楼。"别人形容月亮顶多说是大邑瓷碗，他比作白玉盘。他在金陵散金三十万余，还豪气地说"千金散尽还复来"，给人一种印象，他很有钱。

李白真的有钱吗？

《山堂肆考》中记载："唐元载为相，奏以千钱购书一卷。"也就是说一卷书一千钱，换算为人民币大约两千元。贵吧？古代的书一直很贵，所以匡衡才去别人家做工换取读书的机会，无他，贵耳。李白幼时读过那么多书，《六甲》《百家》想读什么就读什么，说明家里应该有钱。他带着三十万钱出蜀去金陵也是例证。这时的李白年少多金，是有钱的。

但到了金陵后，李白行侠仗义，三十万钱散尽，到埋葬友人吴指南时，就需要靠借贷为生了。他没钱了。

再后来，李白在安陆成婚，娶了美丽贤惠的相国小姐，许家家境很好，李白又过上了"问余何意栖碧山，笑而不答心自闲"的富足生活。这段时间李白应该是有钱的。他远赴长安，东游洛城，在长安与新平少年斗鸡走马时，还可以"高揭黄金鞭"。

但丈人许老爷死后，李白在许家的境遇就每况愈下。"赘婿"的生活都懂。后来江淮之行，还需要元丹丘的资助。干谒韩荆州后"归来无产业，生事如转蓬"。再后来许氏夫人去世，情况就更糟糕了，他甚至无法在安陆存身，只能到东鲁去找远房的叔父。在东鲁时勉强算个"富农"，一次有个小吏送他一斗酒两条鱼还把他高兴坏了。再后来奉诏入京，做了翰林，应该又有钱了。

所以李白有钱还是没钱这个问题是动态的。一阵儿有，一阵儿没有。李白的行迹在家少，在外多。他常年旅食，四处拜揖高门，后来随着李白的名气越来越大，高官贵族们也愿意借他妆点盛世，每次都有不少馈赠。五花马、千金裘和绿玉杖就都来自馈赠。"忆昔洛阳董糟丘，为余天津桥南造酒楼。黄金白璧买歌笑，一醉累月轻王侯。"过的就是这样的生活。

但李白这个人豪气就豪气在能把贫无立锥的日子过得仿佛富可敌国。明明"无产业"，但仍然把五花马、千金裘拿去换酒与挚友共谋一醉。这份豪情，让人千载之后思及仍油然而生敬慕：李白，我愿做一起花你钱的朋友。

❀恭喜，李白成家了

前文说到李白出蜀后的短期目的地是江右，但他在江右并没有逗留太长时间。离开江右后又该去哪里？答案是不知道。

李白的长期目标是做帝师，因此他出蜀要做的事是四处游历，读万卷书行万里路，散播自己的文名与义名，干谒官员。但在江右遭遇挫折，钱花没了，事没办成。连埋葬挚友都要向别人借贷，可见穷困到什么地步。是写信回去让家里继续打钱，还是宣布失败就此回乡？

不行就结婚吧。

开元十五年（727），李白二十七岁时，与前宰相许圉师的孙女喜结连理，并从此住进了妻子在安陆的家里，成为一名"赘婿"。不必惊讶，这在唐朝不算稀奇，为了考试、做官方便，很

第二章 从开元到天宝

多人结婚后都会在老丈人家住上一段，同为大诗人的元稹、一代名臣韦皋也是一样。

许圉师，贞观年间进士及第，官至左丞相，死后追赠幽州都督，陪葬乾陵，谥号为简。许家在安陆算得上是高门望族，但李白入赘时许圉师已去世。

李白有一首诗《代别情人》，不知作于何年。从题目看，是一首代言诗，也就是替别人作的。但话虽然是替别人说的，感受却很可能是自己的。里面有一句"我悦子容艳，子倾我文章"，也可以用来形容他与许氏夫人之间的关系。琴瑟和谐，才貌相当。与许氏夫人结婚后不久，李白去了趟长安，写了一组《寄远》诗寄给许氏夫人，写了多少首呢？十二首。其中一首如下："爱君芙蓉婵娟之艳色，若可餐兮难再得。怜君冰玉清迥之明心，情不极兮意已深。朝共琅玕之绮食，夜同鸳鸯之锦衾。恩情婉娈忽为别，使人莫错乱愁心……"太白不惜把全身功力拿来夸老婆，许氏夫人之美，还值得怀疑吗？而"冰玉清迥之明心"，也说明了许氏夫人聪慧且有才华。

《柳亭诗话》中还记载了这样一个小趣闻。李白写了"不信妾肠断，归来看取明镜前"两句诗，很是得意，拿给许氏夫人看，许氏夫人看了后却不以为意，觉得比不上武后写的"不信比来常下泪，开箱验取石榴裙"。李白听后大为惭愧。虽是不知真假的趣闻，但从许氏夫人的出身来看，她颇有文学修养，能够跟李白谈诗论赋的可能性还是很大的。二人志趣相投，互相欣赏，应是一对佳偶。

多年之后李白写过一首《寄内》送给许氏夫人："三百六十

日,日日醉如泥。虽为李白妇,何异太常妻。"从这首诗里的亲昵之意也可以看出夫妻之间的感情应该比较和谐。

所以李白刚结婚的那几年过得是相当惬意,究竟有多惬意呢?有诗为证。

山中问答

问余何意栖碧山,笑而不答心自闲。

桃花流水窅然去,别有天地非人间。

看来李白对这段时间的生活颇为满意,似乎此处就是桃源,连帝师的梦想都暂且抛诸脑后了。

在安陆,李白开始了第二段读书时光,他的读书之地也是一座山,叫寿山。这段开始于惬意的生活,在后来被李白称为"酒隐安陆,蹉跎十年",成了又一段失败的回忆。

而诗仙的失败,只有一个可能,就是干谒再度受挫。

❦静夜幽思

静夜思

床前明月光,疑是地上霜。

举头望明月,低头思故乡。

这首诗与《山中问答》创作于同一时期,都是李白在寿山读书时的作品。新婚宴尔,生活虽然惬意,但他乡终非故乡,起思乡之情是正常的。不管他有多少日子里有温柔相伴,但在这个夜晚,李白是孤独的。

古人有三绝之称,分别是曹植的古风、杜甫的律诗和李白的绝句。公认李白的绝句写到了登峰造极的程度,这首《静夜思》就是其中的翘楚。这首诗里采用了"举头……低头……"这一句式,有着典型的民歌特征,说明李白的这首诗在有意识地回归乐府传统,回归民歌传统。

这首诗之所以脍炙人口,千载流传,很大程度上就是因为它得民歌的真髓。这便涉及诗歌史上的一个问题,即民歌与文人诗歌的关系。民间歌谣的诞生与成熟,是早于文人诗的。文人在创作过程中,会不断向民歌学习。文人觉得民歌直抒胸臆,反而比精雕细刻的诗作更打动人、更有力量。所以他们也学习像民歌那样写诗。最简单的办法就是直接把民歌拿过来,写得文雅一点,写成文人案头诗。文人总结其精髓叫作"别无妙巧,取法天然",通俗点讲就是返璞归真,回归没有雕饰过的自然状态。《静夜思》可以说把这一点做到了极致。它选取了最典型的两个意象:月,故乡。这两个意象太典型,彼此的联系又太能让人共情,根本不需要再进行任何雕饰。那句话是怎么说来着?往往最高级的食材只需用最简单的烹饪方式,《静夜思》也是一样。大巧不工、大象无形、大音希声……把这些最高级的赞美全给它用上,它就是这些词最合适的代言人。见到月亮就想到故乡,我们都有这种感受但是说不出来,李白把它们说出来了。

大道至简,这就是它好的原因。

这是月亮第二次出现在李白的诗中。与还能分析《峨眉山月歌》中的那轮月亮为什么那么多情不同,这次我们已无法测度为什么这轮月亮能够这么简单,却这么有穿透力了。我们不知道那个孤独的夜晚将月和故乡连在一起这个绝妙的主意是如何出现在李白的脑海中的,他又是如何写下这简单的、却再没有第二个人能写出的二十个字。我们只知道从那之后,文人看到这首诗时,只会觉得"皆天授,非人力"。

李白眼中的月亮,已经从原来那个只有他独享的、多情的月亮,变为千万个人眼中,照耀着千万个故乡与千万个异乡的共情的月亮。由本我之月变成了众生之月。这样的笔力,没有几个人能够达到。

❀ 从安陆到安陆:受挫,再受挫,再再受挫

李白在安陆并没有停止干谒,一度得到了安陆长官的赏识。他曾上书给李长史、裴长史。在给裴长史的上书中,李白豪气地写出"何王公大人之门,不可以弹长剑乎",这里用的是《战国策》中"冯谖客孟尝君"的典故。冯谖在孟尝君门下做门客时,孟尝君并不知道他的才能,把他列为下等门客。冯谖就弹着长剑唱"长铗归来乎!食无鱼"。长铗就是长剑。"食无鱼"并不仅仅是说没吃上鱼,而是指中等门客的待遇。别人都笑话他,哪有自己要求提高待遇的?但孟尝君听说后并没有笑,而是吩咐"比门下之鱼客",把冯谖擢升为中等门客。但冯谖并不满足,又弹着长剑唱"长铗归来乎!出无车"。车是上等门客的待遇。按说冯谖什么才能都没展露出来就要鱼要车,有点贪得无厌,但孟尝君

听说后还是毫不犹豫地吩咐"比门下之车客",把他擢升为上等门客。这下冯谖该消停了吧?不,他又弹剑高歌:"长铗归来乎!无以为家。"家是什么?就是他的母亲。孟尝君就派人好好安顿了冯谖的母亲,冯谖的待遇到达最高,也就再没弹剑高歌。冯谖是贪图享受吗?不,他是个真正有才能的人,后来他帮着孟尝君买义收德、重获齐王信任,"孟尝君为相数十年,无纤介之祸者,冯谖之计也"。可见冯谖弹剑高歌,是因为他本身就值得拥有这样的待遇。李白说"何王公大人之门,不可以弹长剑乎",是说自己也有与冯谖一样的才能,终有一天能在王公大人之门弹剑高歌,辅王弼相,唯一欠缺的就是两位长史的推举而已。

李白的干谒文历来有个显著的特点:坦坦荡荡。主要表现在两个方面:夸人和夸己。既然目的是要人知道自己的才华并求人举荐,那夸人夸己都是本分,不丢人。李白夸人绝不吝惜溢美之词,夸己更是不遗余力。两篇干谒文都称得上个性张扬、气势如虹,按说足够展示他的才华,但可惜的是却没有为他赢得任何举荐的机会。

李白在安陆住了三年,仍然是一介布衣。官场的大门连一条缝都没向他敞开。李白终于醒悟他可能不会在安陆获得举荐,决定出趟远门去寻找机会。巴蜀、江右、安陆的挫折让他明白,要获得举荐,得找一个机会多的地方。什么地方机会最多?

长安。

开元十八年(730),李白三十岁的时候,他离开安陆,离开这座桃源样的温柔乡,离开自己爱着也爱着自己的妻了,前去长安。

这次他的干谒对象是玉真公主。玉真公主是唐玄宗同父同母的亲妹妹,备受玄宗的宠爱,在朝中拥有极大的权势。不乏有人通过干谒公主得到举荐,高中进士甚至直接入朝得拜高官,其中最著名的就是王维。据《集异记》记载,王维少年时,曾因岐王引荐,到玉真公主府上赴宴,王维穿着锦绣衣服,抱着琴为玉真公主弹了一首《郁轮袍》,当时的王维"妙年洁白,风姿都美",一下子就把玉真公主吸引住了。王维乘机献上自己的文集。公主一看大惊,您这些诗文我早就读过啊,非常喜欢。我本以为这么厉害的作者是前代某位大文豪,却没料到是公子你——不出所料,玉真公主对王维大加赞赏,倾力举荐,王维顺利地高中进士。

李白有没有听过这个故事?容或有之。至少玉真公主愿意举荐才子的传闻他是听说过的。很可能也抱了很高的期待,想重复一遍王维的故事。毕竟,论才华,李白丝毫不亚于王维;论相貌,也是目如朗星、风流蕴藉,只要能见到玉真公主,得其垂青的可能性是比较大的。而且李白在修道上有很深的造诣,连司马承祯都惊之为天人,玉真公主是位女道士,两人之间能够有更多的共同语言。

可惜的是,李白在玉真公主位于终南山的别馆住了很久,诗倒是写了好几首,却连玉真公主的面都没见到。

李白在长安逗留的这段岁月,努力地东奔西走,为自己的帝师之路探求着每一个机会,但结果无一例外是铩羽而归,无功而返。后来玄宗巡幸洛阳,李白跟着来到洛阳。他始终记得三年前玄宗下制(即诏书)"草泽有文武高才,令诣阙自举",现在我来了,我自举了,我怎么可能会不受到赏识?

理想很丰满，现实很骨感。就在这一年，玄宗在尊号内加"圣文"二字，下制令百官春月旬休，选胜行乐。这位四十五岁的帝王回望自己的一生，他觉得自己超过了唐太宗、秦始皇，建立了不朽的功勋、伟大的基业，引领着大唐帝国开创出彪炳千秋的盛世，是千古最伟大的皇帝。他，已逐渐放下一代雄主的野心，开始享乐了。

而李白还心心念念着皇帝三年前的制书。这位终生都没有摆脱天真心性的诗仙，孜孜不倦地用他能想到的所有的光明磊落的手段干谒。当他有三十万钱时，他选择周济穷士，让自己以侠义扬名，而没有选择贿赂官员。当他拜见一位位掌握着举荐他的权力的高官时，他选择用自己的诗文打动他们，一次不成，就将诗文写得更好，而没有选择靠妻族的权势为自己赢得将公权力私相授受的机会。他一直相信朝廷想要真正的贤才，他让自己更贤、更有才华、更加侠义。他从未想过踏入月光之外的黑暗，去寻找另一条多数人在走的、更为容易的路。他那么天真，所以一无所获、受尽打击，或许是早就注定的。

在离开洛阳，返回安陆前，李白写下了一首诗《春夜洛城闻笛》。

❀洛城里的笛声

春夜洛城闻笛

谁家玉笛暗飞声，散入春风满洛城。
此夜曲中闻折柳，何人不起故园情。

洛城就是洛阳。在唐代及以前的几个朝代里都采用"双核"的制度，即有两座首都，一座是长安，一座是洛阳。所以洛阳又被称为"东都"，汉代的两京、二都的说法，即来源于此。它还有一个名字，就是武后时代的"神都"。武后之所以称洛阳为"神都"，是因为她更偏爱洛阳而非长安，别的皇帝都是在长安的时间多，武后则恰恰相反。玄宗虽然拨乱反正，但去洛阳的次数一点都不少，洛阳仍然是当之无愧的唐帝国的政治中心。

折柳是指《折杨柳》，乐府中的横吹曲辞，一般都是写离别之情。北朝有《折杨柳枝》，其中写道"上马不捉鞭，反拗杨柳枝。下马吹横笛，愁杀行客儿"，就是如此。为什么杨柳跟离别有关呢？一说"柳"与"留"同音，折柳相送是挽留惜别之意。汉朝时，长安人送客都送到城东的灞桥，灞桥旁边栽了很多柳树，折柳赠别，目送行人远去。所以灞桥又被称为"销魂桥"。折柳成为送别时的仪式，屡见于唐诗。中唐诗人孟郊曾写到，由于折杨柳送别的人太多了，自己都折不到长点的柳条了，只好说"莫言短枝条，中有长相思"，虽然只能折一支很短的柳条，但我会用相思把它补得长长的。"环保"诗人白居易也大声疾呼："小树不禁攀折苦，乞君留取两三条。"只折大树吧，放过那些还未成年的小树。

本诗因折柳曲中的离别之情，勾起了诗人的思乡之念。首句"暗"字和次句"散入春风"是说笛声远，远则声音低微，听不清楚，所以是"暗"。虽暗，但被春风吹着，散落到整个洛城，所有人都听到了。用这种明写别人而暗写自己的手法，写自己也听到了笛声，既写笛声之远，又写笛声之美。这两句还有第三重意思，如此远的笛声都被诗人听到了，那诗人肯定不是在喧闹的地方。诗人在何处，又在做什么呢？我们读完整首诗再来看。

第三句中蕴含了"静听"的意思，从听到笛声到辨明笛子吹的是《折杨柳》，必然是有个过程的，这个过程就是"静听"。听到了《折杨柳》，笛声中的幽怨离别之情勾起了诗人的思乡之情。此处仍然是用明写别人而暗写自己的手法。"何人不起故园情"，只要听到这个笛声的人都会想家，其实是写自己想家。

读完整首诗后，再来看刚才的问题。笛声响起时，诗人在哪里，在做什么？肯定是在很安静的地方，要不不会听到笛声。那是什么事呢？再次品读最后一句，诗人的故园情，真的是由笛声引起的，还是早已有之，正因黯然思乡，寂寞孤独，才将笛声听得格外真切？

李白来到洛阳的目的不言而喻，只可能是干谒。结果也不言而喻，干谒再度失败。这已是他第几次失败了？此年他已年过三十，多数人在这个年纪人生已经定型，该取得的成就已取得了，就算还未取得，也已踏上了取得的道路。而李白怀着天才之名，却至今还在干谒，还在被拒绝，还是看不到任何希望。在这个温暖的春夜，在这个圣主莅降举城欢庆的都市，李白到底是什么感受？仅仅只是思乡吗？

李白是个骄傲的人，这从他的干谒文中就能看出。他对自己的才华充满自信，要不也不会立下帝师这个志向，把自己比作"背嶪（yè）太山之崔嵬，翼举长云之纵横"的大鹏。出蜀时他满怀万丈豪情，认为凭借自己的才华，谋取公卿之位是很容易的事。但现实给了他当头棒喝，直到现在他仍一事无成。这对他来说是个不小的打击。想必李白也无数次地问自己：我的理想还有没有实现的可能？从安陆到长安再到洛阳，他一路受到了多少冷遇，那些拒绝又给他造成了多少创伤多少绝望。这些，全都在这个温暖的春夜里，化成一首诗。他想家了，他想回去了。

他仅仅只是想家吗？

他有没有想妻子的怀抱，想那个安慰他、给他笑容的家，想那些熟悉和温暖、宽解和包容。他有没有想他夸下海口离开安陆，现在却就这样回去了。他干谒过这么多年，他还要干谒多少年？他还能理想多少年，抱负多少年？

在这洛城的笛声中，他又想起了遥远的故园，想起了故园中的一缕暖光。

那是安陆窗前的一盏灯，也是峨眉山上的一轮月。

❀ 太白秘参：李白为什么总是干谒不成功？

李白从二十岁还在蜀中时就开始干谒，到四十二岁才得到皇帝诏书召见，足足经历了二十二年，无数坎坷，备尝辛酸。令人不禁感慨，李白怎么命就这么不好，总是干谒不成功呢？我们来试着分析一下原因。

第一，出身不好。

李白自称"凉武昭王暠九世孙"，跟唐皇室是亲戚。按说这出身够好了，但可惜的是李白没有正式户口本，证明不了。令人不禁遗憾李白祖上为什么没保存好这么珍贵的户口本。那如果有的话，是不是李白就能够干谒成功呢？也不一定。试看王维这个例子。王维在宴会上给玉真公主弹奏了一曲《郁轮袍》轻松干谒成功，是不是很令李白羡慕？但问题是王维想干谒，就能够坐在玉真公主的宴会上，而李白想干谒，却只能等在玉真公主的别馆里，连人都见不着。区别是什么呢？是有没有人能为之引荐。

王维出身太原王氏，是当时第一流高门，家族光环让他能轻易结交王侯。唐代科举是不糊名（将卷子上考生的姓名隐去）的，也就是说，考官能清楚知道你是谁，是谁家的子弟。王维本就有极高的才华，而显赫的出身则可以为这份才华保驾护航，确保它能闪耀，不至于被埋没。这里所说的出身，不仅仅是指祖上多阔，更重要的是当下家族中有没有人身居高官。而李白上推五辈子都是庶民，帮不上忙。只能靠自己一点点往上爬，自然难上加难。

第二，住得太偏。

李白长时间居住在安陆、东鲁，距离唐朝的权力中心太远。虽然他也到过长安、洛阳，但只是短暂游历。而唐代真正有影响力的人物大多集中在这两处，有心仕途的人也多在这里培养自己的名声。长安旁边的终南山就是如此，因为隐居在这里的人做官的太多，还被称为"终南捷径"。李白想通过名播天下赢得玄宗的赏识，不去京洛两地，却住在安陆、东鲁这两处乡下地方，岂不是事倍功半？他的朋友元丹丘就很聪明，所营造的颍阳山居就在洛阳旁边后来果然得到了玄宗的重视，当上了长安城大昭成观的"威仪"（道官的一种，负责管理本观的道门事务）。司马承祯虽然不在京洛，但也是在嵩山、王屋山这些道教活动的中心地带。

第三,干谒的方法值得商榷。

李白的干谒诗、干谒文写得虽好,但过于依赖自己的才华。除了才华之外,并没想过多少吸引眼球的方法,也就是俗称的"炒作"。人家王维是先弹一首《郁轮袍》,先声夺人,公主的注意力立即就被吸引了。再一看弹琵琶的人妙年洁白,风姿都美,自然会高看一眼。同为李白老乡的陈子昂,更是自我营销的大师。初入长安时,他曾花费千贯钱,买了一张古琴,邀请当时贵胄到自己的住地赏琴。等名流云集时,陈子昂突然将琴摔碎,说:我在蜀中也是有名的才子,很多人都知道我文章写得好。可我来到长安之后,没有一个人看得上我的诗文。长安的人宁愿尊重价值千贯的古琴,也不尊重像我这样的人才,所以我干脆把这张琴摔了,让你们看看到底是人重要,还是琴重要。这样一番操作下来,自然大家都会拿起他的文集,认真拜读。反观李白的做法,太重于诗文本身,实在是缺少一些噱头。

更重要的是,王维求的不是公主让他直接当高官,而是让公主知会主考官一声,让他中进士。考试他还是参加的,水平那也是很高的,只要能发挥他的真实水平就行。这就大大降低了干谒的难度,公主答应的可能性也就提升了。李白是直接要官,还要做帝师,这难度就大多了。难度一大,干谒的成功率自然就降低了。

第四,资历不够。

朝廷开通特殊取材通道的原因是什么?无非是网罗天下知名的人士,为太平盛世充面子。换句话说,就是你先要天下知名,才有可能被举荐。同样是韩朝宗,为什么就肯带着孟浩然入京,而不肯带李白呢？因为孟浩然已经四十多了，好诗够多了，名气也大了。而李白当时才三十多，诗虽然也写了，但名气毕竟还没那么大。而到了天宝元年（742），李白也四十多了，拜见玄宗时，玄宗说：爱卿啊，你是布衣，是普通老百姓，但名声却能传到朕的耳朵里，说明你的确是厉害啊。这说明他前期干谒失败是因为什么？名声还没传到皇帝的耳朵里。

所以说，李白四十二岁才干谒成功，可以说是失败，但也并不失败。高适四十六岁才得到睢阳太守张九皋的举荐，中了个进士，授封丘县尉呢。

❀清风扫门，明月侍坐——暂栖寿山

李白回到了安陆。

在他离开的这段岁月里，他的岳父去世了。他接下来的日子过得并不舒心，仍在干谒，最著名的一次是干谒荆州长史兼山南东道采访使韩朝宗，写下了著名的《与韩荆州书》。这篇文章堪称千古第一干谒文，但没有给李白带来任何举荐的机会，明珠暗投。李白像是陷入了一个死局，无论多么努力，诗文写得多么好，都不会得到举荐。

"而君侯何惜阶前盈尺之地，不使白扬眉吐气，激昂青云耶"与数年前的"何王公大人之门，不可以弹长剑乎"相比，李白的语气变卑微了。

这样的岁月，还要持续很长一段时间。李白还要在这个泥潭中沉溺很久很久，体味这种窒息的痛苦。但李白并没有沉沦，因为他还有朋友，还有诗歌。就像之前一样，每当他的帝师之路备尝艰辛时，他的诗仙之路就会高歌猛进，他就会从另外几条道路中得到安慰，重燃信心。

安陆寿山读书的岁月，让李白有一段时间去消化出蜀后的见闻。吴越之地的采风，祖国大好山川的游历，成家的欣喜与夫妻举案齐眉的幸福，他都是初次经历。这些情感也都会化入他的诗文中。而此后，理想沉沦的痛苦，友人的安慰，漂泊江湖的孤独，会逐次垒叠在上面，让他的情感越来越丰富，诗歌的表达也会向更多的维度拓展。

他开始写《古风》，写《夜泊牛渚怀古》，抒发自己的怀才不遇。开始写《少年行》《侠客行》，记述自己的游侠岁月。他开始广为交游，行遍五湖四海，结交无数友朋，写下《送孟浩然之广陵》《江夏别宋之悌》《赠郭季鹰》等名篇。他开始郁积，开始突破自我，向着诗歌的最高峰前行，锦秀篇章纷至沓来、喷薄而出。

寿山读书及之前的那段岁月，促使李白写诗的主要是正面情绪，是他初听西曲吴声的惊耳、初看名山大川的惊目、初历江右繁华的新奇、初品娶妻成家的新悦。现在促使他写诗的是负面情绪，是"曳裾王门不称情"，是"拔剑四顾心茫然"，是"大道如青天，我独不得出"。干谒的不顺利让李白心怀郁结，诗风向沉雄发展，世界给他的感受从新颖刺激逐渐沉淀成为对人生的思考。交游的渐趋广阔也让他接触到形形色色的人，对社会及自我的认识渐趋多元化，而后再反映到诗风中。无论吟咏的对象还是手法都得到了扩展。外界的风霜如刀，逼迫着诗人逆向而行，更张扬地展示出自我。寿山读书及之前,李白虽然名篇不断但个性并不明显,而这段时光却洗练出他独特的个性,逐步成为我们熟悉的那个诗仙。

顺境让我们舒展生长,但逆境才能让我们成为自己。

顺境让我们血肉丰茂,逆境才能洗练我们的筋骨。

千年之后,也许我们得感激李白的这段坎坷岁月,要不是他的帝师之路走不通,我们又怎能见到这么多名篇?

❀李白的朋友们——孟夫子,丹丘生

黄鹤楼送孟浩然之广陵

故人西辞黄鹤楼,烟花三月下扬州。

孤帆远影碧空尽,唯见长江天际流。

这段时间的交游中,李白结交了一个重要人物,大诗人孟浩然。

孟浩然是襄阳人,李白所居的安陆离襄阳不远,两人相识是水到渠成的事情。孟浩然年轻时也好节义,喜欢救济人于患难之中,诗文也写得好,是山水诗的代表人物。他在好义、擅诗、好山水这三方面,都跟李白气味相投,两人自然惺惺相惜。孟浩然早年隐居在鹿门山中,直到四十岁时才想着出山做官。他来到长安,被唐玄宗召见,眼看着就要得到赏识,却不料看到他诗中有句"不才明主弃"后,玄宗生气了:你自己隐居起来不想做官,怎么却污蔑我嫌弃你呢?斥退!孟浩然不以为意,回来继续隐居。韩朝宗（就是李白《与韩荆州书》中的韩荆州）回长安时，想带着孟浩然一起走，再次把他推荐给朝廷。出发时，有位朋友来了，孟浩然陪着喝酒，越喝越高兴，一点动身的意思都没有。朋友提醒他：你不是跟韩大人约好了要走的吗？别让韩大人等着啊。孟浩然说：什么？正喝着呢，理他作甚！韩朝宗差点被气出病来，此人怎么这么不识抬举？我举荐你啊！举荐啊！知道李白多么想要这个举荐吗？你却为了一杯酒就放了我鸽子！韩朝宗愤而离去，孟浩然呢？该喝喝该吃吃，多大点事。

这脾气，李白怎么会不喜欢。

孟浩然想不想做官？想。他在《望洞庭湖赠张丞相》中说："欲济无舟楫，端居耻圣明。坐观垂钓者，徒有羡鱼情。""欲济无舟楫"把想得到张丞相的举荐、成为"垂钓者"也就是官场中人的意思说得很明白了。但孟浩然又很洒脱，做不成官又怎样？把你韩朝宗的脸当成屁股又怎样？诬你就诬你了，你生气了又怎样？我还生气了呢！

这样的人，对李白是相当有吸引力的。

具体到诗歌创作上，两人的志趣也是相同的。李白总结自己的风格说"自从建安来，绮丽不足珍。圣代复元古，垂衣贵清真"，他对一味讲究辞藻、对仗的齐梁体乃至上官体是很不屑的，认为就该上祖风雅，追述建安时的正声。而孟浩然也是如此。"人事有代谢，往来成古今。江山留胜迹，我辈复登临。""遑遑三十载，书剑两无成。山水寻吴越，风尘厌洛京。""挂席几千里，名山都未逢。泊舟浔阳郭，始见香炉峰。"诗句清新天然，极少雕饰，后人称赞他色相俱空，如羚羊挂角，无迹可寻。这与李白在诗歌上的理解是一致的。两人的交游，应该是互相都起了知己之感。

李白给了孟浩然极高的赞誉："吾爱孟夫子，风流天下闻。红颜弃轩冕，白首卧松云。醉月频中圣，迷花不事君。高山安可仰，徒此揖清芬。"

但在孟浩然的集子中却找不到赠李白的诗。有人就说孟浩然和李白是明星和粉丝的关系，李白在单方面追星。其实不见得。孟浩然比李白大十二岁，李白遇到孟浩然时，孟浩然已写出了诸多广为流传的诗篇，声名远播，所以他才说"吾爱孟夫子，风流天下闻"。而在写这首诗时，孟浩然应试不第，还传出了因诗文被玄宗弃逐的逸事。他的经历对自己而言有诸多值得学习之处，宛如先贤古人。此时的孟浩然是能够给李白足够多的感触的。而李白呢？最多只能称得上怀才不遇，未来的路还长着呢。他能给孟浩然多少感触？顶多是鼓励鼓励，年轻人好好干，不要像我这样。李白赠孟浩然诗多，归根结底是孟浩然给李白的感触多，而李白给孟浩然的感触少。这是人生经历决定的，无所谓谁冷落了谁。

杜甫与李白的关系也一样。杜甫比李白小十一岁，年岁差别恰如孟浩然之于李白。杜甫遇到李白时，李白已做过翰林，让力士脱靴、贵妃奉酒，然后被赐金放还。人生的大起大落让同样走干谒之路的杜甫心潮澎湃，千头万绪。尤其是两人辞别之后，随着人生的经历增多，当杜甫回想起李白时，那个放旷不羁的身影宛如盛世的象征，一想到就感慨无限，自然会写出一篇篇佳作。

李白同孟浩然一起畅游过一段时期，说明两人还是很情意相投的。两人在道别时，李白写下了这首不朽的名篇。

广陵，就是诗中所说的扬州。黄鹤楼在今湖北武汉市蛇山，临长江，是江南三大名楼之一，始建于三国吴黄武二年（223），到李孟两人登临时，已有五百多年的历史，称得上名胜古迹。

李白在未到安陆前就拜谒过孟浩然，称得上相交已久的"故人"。烟花三月是最好的游赏季节，而扬州又是最好的游赏之地，两个简单的意象组合在一起，自然而然就有想要跟随孟浩然一同前去的意思，以此引出不舍之情。结合前文分析，李白与孟浩然是如此志趣相投的知己，这首诗的惜别之情达到了不着一字但又隽永之极的至境。后面两句也是如此，明为写景，其实是在写诗人极目远望，一直到再也看不到故人的不舍。

那么，孟浩然去广陵干什么呢？

孟浩然的文集中没有诗文写到这次广陵之行遇到什么人、干了什么事，只有几首诗约略提到他是乘舟从汉水而下，经江夏去往广陵的。他在广陵待了小半年，深秋时节才沿江而上，重新回到襄阳，年底就很着急地赶往京师赴考，中间还一度因为时间有些来不及而弃舟陆行。孟浩然是个喜欢游览山水的人，此前一年从洛阳回来就去武陵访友，应试不第自京还乡后又入越游历。这次广陵之行，似也是游历，并无特别目的。

但在去广陵之前还在洞庭湖游览时，孟浩然的一首诗中写道："迟尔为舟楫，相将济巨川。"（《洞庭湖寄阎九》）这表明他此时就已经决定要进京赴考了。李白黄鹤楼送别孟浩然时，两人有没有聊过彼此的前途？对于选择不同的进取方式，两人又是怎么交流的？黄鹤楼上李白望着故人远去，依依惜别，此中有没有一些为彼此的前途而感到的茫然呢？

就在李白在黄鹤楼送别孟浩然前不久，孟浩然也在这里送别过一个人，这个人还是孟浩然与李白共同的朋友，他就是元丹丘。

元丹丘要去鄂渚寻张骖鸾，孟浩然写诗赠别："赠君青竹杖，送尔白蘋洲。应是神仙子，相期汗漫游。"

那么李白和这位元道长是怎么认识的呢？说起来，他们还算是布衣之交。李白还未离开蜀中时，曾不止一次去峨眉山寻仙访道。就在这里，结识了同样来此游历的元丹丘。根据李白的诗歌记录，两人曾一起在河南嵩山颍阳隐居，"畴昔在嵩阳，同衾卧羲皇"（《闻丹丘子营石门幽居》），感情很不错。两人"气激道合，结神仙游"。

李白赠给元丹丘的诗有十几首，加上在诗句中提到他的，更是超过了二十首。李白一生交友遍天下，诗文中提到的就有四百人之多。但就赠诗数量而言，元丹丘是少见地多。说元丹丘是李白一生挚友也不为过。

此外，元丹丘还是李白修真之路上的榜样。李白曾多次写诗，夸赞元丹丘道行高深。其中有一首《元丹丘歌》：

元丹丘，爱神仙，朝饮颍川之清流，暮还嵩岑之紫烟，三十六峰长周旋。长周旋，蹑星虹，身骑飞龙耳生风，横河跨海与天通，我知尔游心无穷。

简直把元丹丘塑造成一个能飞天跨海的神仙。在另一首诗里边，则称之为"不死丹丘生"，夸赞其修为已经到了超越生死的地步。李白对此也是非常羡慕。

李白离蜀后的第二年，元丹丘所在的戴天观的老道士就去世了，元丹丘离开蜀地，四处游历，准备前往河南嵩山觅地清修时经过安陆，在这里与李白再次相遇。元丹丘与安州马都督是通家之好，曾引荐李白拜谒马都督。

从这时起，元丹丘就开始为李白的帝师之路奔走。也就是这段时间，元丹丘结识了孟浩然。从孟浩然的赠诗中能看出元丹丘的修道水平很高，被孟浩然赞为"神仙子"。

此后李白前去长安，曳裾王门不成，黯然而归，经过嵩山时再次遇到元丹丘。元丹丘在此建造了颖阳山居，李白流连数日，一连写了三首诗赠给元丹丘。其中有一句"羡君无纷喧，高枕碧霞里"，说明李白虽然受到打击，但仍然没有放弃干谒之心。而故人的颓唐，想必元丹丘全都看在眼里。

之后李白回到安陆，那段时间他过得并不如意。友人元演邀请他北游太原，在太原，李白受到了隆重的接待，归去经过洛阳时，再次遇到元丹丘。元丹丘力邀李白再次前往颖阳山居，并说有另一位大隐士岑勋也等着跟李白会面。于是李白慨然前去。此后李白又曾数度造访元丹丘。两人好到什么程度呢？李白想要远游干谒，元丹丘就倾囊相助。

而后元丹丘被征召入京，任西京大昭成观威仪，李白还专门钳下几根白发送给他，意思就是说：兄弟，你现在发达了，老哥我岁数也到了，你咋也得照顾照顾啊！[1] 友情不到相当的程度，是不

---

[1] 见《秋日炼药院镊白发赠元六兄林宗》。

会这样说的。

元丹丘在朝中并没有待太久就离开了，李白作歌送行，之后还与他数通书信。李白做官不如意，被赐金放还后，再次经过颖阳山居与元丹丘相会，形容两人的感情是"故交情深，出处无间"，还想要把家搬过来，与元丹丘同住。二人的情谊之深厚，在另一首诗里写得更直接："吾将元夫子，异姓为天伦。"咱们不是亲兄弟胜似亲兄弟啊！后来元丹丘搬到石门，李白又专程前往造访。

从两人的交游状况来看，李白与元丹丘堪称一生之友。少年相识，贫贱不弃，志趣相投，道合为一。与孟浩然不同，李白与元丹丘的友情更世俗一点。两人相遇时都是年轻人，彼此都还没有显露出超人的才华，就是很纯粹的朋友。这种关系一直延续了一生，不管李白是布衣还是翰林或是重归布衣，不管他是蜀地年轻人还是名满天下的诗仙，元丹丘都待之如故。他不是因为李白的才华而把他当成朋友的，而是单纯地欣赏这个人。无论李白是才高八斗的谪仙人，还是一事无成的浪荡子，他都会同样真诚地对待他。李白也是如此，无论元丹丘是大昭成观威仪还是山中隐士都无区别。即使白发苍苍，两人也一如蜀地里那两个身无一物只有理想的少年。他们一起想象那个遥远的神仙世界，一起傻傻地在人世间做着白日梦。

元丹丘不是希有鸟，他人生最高光的时刻就是做了一年多的大昭成观威仪。生卒年岁不详，仅有的一点资料散落在李白、孟浩然的诗作以及为玉真公主作的碑义中。与大鹏同游的不是希有鸟，而是一只没有笑他的斥鷃。但千年以下，我们仍知道这只斥鹦的名字，原因就在于开元二十四年（736）一场著名的酒局。这场酒局之所以著名，不是因为有多少王侯将相列席，也不是因为引发了什么家国大事，而是因为李白写下了《将进酒》：

> 君不见黄河之水天上来，奔流到海不复回。
> 君不见高堂明镜悲白发，朝如青丝暮成雪。
> 人生得意须尽欢，莫使金樽空对月。
> 天生我材必有用，千金散尽还复来。
> 烹羊宰牛且为乐，会须一饮三百杯。
> 岑夫子，丹丘生，将进酒，杯莫停。
> 与君歌一曲，请君为我倾耳听。
> 钟鼓馔玉不足贵，但愿长醉不愿醒。
> 古来圣贤皆寂寞，惟有饮者留其名。
> 陈王昔时宴平乐，斗酒十千恣欢谑。
> 主人何为言少钱，径须沽取对君酌。
> 五花马、千金裘，呼儿将出换美酒，与尔同销万古愁。

前文说过，丹丘生非等闲之辈。那么这场酒宴中的"岑夫子"又是谁呢？这位岑夫子，名勋。大家听到这个名字，第一反应都是，不认识。但如果说起颜真卿的书法名作《多宝塔碑》，就都不会陌生。多宝塔碑开篇为："南阳岑勋撰。朝议郎判尚书武部员外郎琅邪颜真卿书。"也就是说，撰写这篇碑文的人，就是岑勋。李白写给岑勋的诗有三首，超过了杜甫。《送岑征君归鸣皋山》写出了李白初次见到岑勋的感受。征君，就是对不受朝廷征辟的士人的称呼。可见这位岑夫子也是一位隐士。诗歌开篇就说:"岑公相门子,雅望归安石。"这是说岑勋是相门之后,风度气质很好,有宛如谢安一般的雅望。说到这里,已经大概能想象出岑夫子的形象了。名门公子,风度翩翩,却又身世飘零。这简直太合李白的胃口。

李白还有另一首诗提到他,这首诗恰好也和元丹丘有关。题为《酬岑勋见寻就元丹丘对酒相待,以诗见招》,这是说,岑勋和李白分别后,十分想念。听说李白又来嵩山了,立马赶了过去。然而诗仙毕竟是诗仙,踪迹缥缈。等他赶到了,李白已经到别处去了,这种事发生了不止一次。李白另一位超级粉丝魏万也是这样,一路追赶,从嵩山一直追到金陵,追了三千里地才见到李白。比起魏万,这位岑夫子心态比较好,找不到,先不急着去下一站,见见李白的好友也是好的,于是和元丹丘一起喝了起来。喝到高兴时,两人一起给李白写信,让他回来喝酒。这信送到了吗?还真送到了。李白一看非常感动,于是又掉头回来了。千里奔波,只为相聚,当然要大喝一场:"开颜酌美酒,乐极忽成醉。"

有一种说法,这首《将进酒》,就是这时写出来的。也有人说,这可不一定。元丹丘、岑勋都是李白多年的好友,这首诗也可能是后来几次聚会的产物。无论如何,岑元二人都是文学史的功臣。是他们准备的金樽美酒,激发了李白的灵感;而他们的"倾耳听",耐心倾听,给予了李白歌一曲的契机,最终成就了这篇名作。

值得一提的是,岑夫子、丹丘生,一是修道者,一是隐士,在正史中都没有传记,却随着李白这篇《将进酒》名垂后世。我们想到他们两位时，总会出现这样的形象：两人就在李白身边，推杯换盏，极乐无边。二人的名字永远与诗酒相连，二人手中的金樽，也美酒常满。这何尝不应了一句：

"古来圣贤皆寂寞，惟有饮者留其名。"

❀ 五花马到底是什么马？

之所以有这桩公案，是因为关于一花马、二花马、三花马在古籍里都是有明确的定义的。宋代郭若虚《图画见闻志》记载："唐开元、天宝之间，承平日久，世尚轻肥，三花饰马。旧有家藏韩干画《贵戚阅马图》，中有三花马，兼曾见苏大参家有韩干画三花御马，晏元献家张萱画《虢国出行图》中亦有三花马。三花者，剪鬃成三辫。白乐天诗：'凤笺书五色，马鬣剪三花。'"郭若虚见过唐朝画家韩干画的三花马的画，从画中可以明确地看出三花马是指马鬃上的三条辫子，这个定义很明确，所以没有人对三花马提出异议。

到了现代，我们已经看不到韩干画的马，但还能看到唐三彩。唐三彩中有很多马，它们的鬃毛的确有的是三条辫子，有的是两条辫子，有的是一条辫子。这就是确凿的证据，因此到了现代也没人对三花马的定义提出异议，但五花马不同，没有定义。没有古人明确地说过它为什么叫五花马。按说一花马、二花马、三花马都是指马鬃剪成几条辫子，那五花马也应该照此类推，但问题是在很长一段时间内并没有发现马鬃剪成五条辫子的考古证据。而五花马在唐诗中并不少见。因此，就出现了多种关于"五花马"的解释。

第一种解释是五花马即马鬃剪成五条辫子的马，沿袭了郭若虚的说法。

第二种解释是"五花"是指马身上毛色斑驳的样子。"花"是指花斑。这种说法主要依托于杜甫的诗"五花散作云满身"，以及岑参的"五花连钱旋作冰"。既然是"满身"，那就不应该仅指鬃毛，所以也可能是指身上的毛发。马身上的毛发颜色斑驳、形成的花纹像花又像钱，因此又叫五花、连钱。这并不是不可能的，在出土的唐三彩马中，有些马身上就有着类似花或类似钱的斑点，而且满身都是。

第三种解释是"五花"就是指名贵的马，原因是《名画录》里记载，开元时唐玄宗的马厩里就有飞黄、照夜、浮云、五花等名马，所以笼统来讲就是指名贵的马。

哪种解释是正确的呢？

我们来逐一探究其合理性。先看第三种解释，它的说法不是没有道理，但基本上等于没说。五花当然是名贵的马，但它的特征是什么？我们想搞清楚五花马是什么马，不就是想弄清楚它的特征吗？所以第三种解释暂且略过。

再看第二种。应该有很多人赞同这种说法，因为杜甫与岑参的这两句诗有强大的加持作用。但，有人不同意。元代诗人杨维桢《题子昂五花马图》中说："赵公马癖如邓公，曾骑赐马真龙骢。沤波亭上风日静，想像天厩图真龙。乌云满身云满足，紫焰珠光夺双目。"子昂是赵子昂，即赵孟𫖯，他画的马非常有名。赵孟𫖯是宋朝人，去唐未远，诗中又说他曾经骑过皇宫里的五花御马,那么他所画的五花马应该是很接近原貌的。那赵孟頫骑过的五花御马有什么特征呢?"乌云满身",毛是黑色的,所以"五花"是指颜色的说法就不成立了。元代还有一位诗人凌云翰说"八尺乌骓散五花,披图一见重咨嗟",原来五花马不但是黑色的,还是大名鼎鼎的乌骓马啊!从这两人的所见来看,那想象中美如蝴蝶之翼的五色花纹,跟五花马是无缘了。

如此看来,可能性最大的就是第一种说法。它的硬伤是缺少直接的考古证据,但这一硬伤似乎已经被突破了。1955年,西安韩森寨唐墓中出土了一柄执壶,上面就有颈部鬃毛被修剪成五条辫子形状的马。虽然执壶上没有文字明确说明它就是五花马,但按照郭若虚的定义,它该叫什么?只能叫五花马。所以,有很大的可能五花马在唐代就是指鬃毛被修剪成五条辫子的马。如果考虑到元代两位诗人的描述,更确切的定义是:马鬃被修剪成五条辫子的乌骓马。

那杜、岑二人的诗又是怎么回事呢?其实,杨维桢的诗也提到了"乌云满身",他说的就更确切,应该是五花马的鬃毛太长,就像是乌云一样压住了全身。杜诗用到了一个"散"字,诗意应该参考下一句"万里方看汗流血",形容马跑了一万里,累得流出了血一样的汗。那跑了一万里后平时竖立的鬃毛会是什么样呢?是的,散落下来,披拂在身上,这就是"五花散作云满身"。不一定是指身上各处的毛色、花纹。这样,两句诗就都是形容马匹跑了一万里前后的不同,符合老杜写诗千锤百炼的风格,五花指毛色的话就没有这样的效果了。

再细考其意,似乎五花马还有鬃毛顺而长的意思,要不也不会披散得满身。"乌云满身云满足"形容得很直接,不仅头毛长腿毛也长。从现存的唐三彩马与画中也可以看出,无论一花马还是三花马,剪出来的鬃毛都是直立的。这样应该是为了好看,名马嘛,就一定要颜值在线,美到别人竭尽全力都模仿不了。这是合理的。如果三花与五花的区别仅仅只是剪的方式,那多剪几剪子就是了,难道还缺这点功夫吗?真正的区别应该是,只有真正的五花马才能剪出五花,别的马想剪都剪不了。

所以五花马的最终定义是,鬃毛顺且长,毛量丰富能剪出五条辫子的马。

❀太白秘参:为什么那么多人喜欢李白?

李白虽然长期干谒不成功,但很多人都很喜欢他。就算他最失意的时候,谯郡参军元演也殷殷邀请他去太原游玩,李白在那里受到了隆重的接待。"银鞍金络到平地,汉东太守来相迎""琼杯绮食青玉案,使我醉饱无归心",他走到哪里,朋友就交到哪里。而且不是泛泛之交,其中不乏真正的朋友,如崔宗之、孟浩然、杜甫、贺知章、王昌龄……

李白究竟哪里讨人欢喜呢?

首先,李白风度好。这点我们在第一章里就说过了。李白是一位美男子,但不是王维那种白皙少年,而是既像《世说新语》里边的名士,又像唐传奇里的侠客。尤其是眼睛,炯炯有神,随便看你一眼就让你终生难忘。这样的人就宛如天生占据焦点,无论跟多少人在一起,都是最引人注目的。

其次，李白豪爽。五花马、千金裘，为了跟朋友喝酒他拉出去就卖了。这种事一般人做不出来，李白不但做了，还做得潇洒至极，千古留名，让人拜服。后来李白做翰林时，天子让他写诗，酒还没醒就写出《清平调》三首，万人称绝。很多人喝酒喝得高兴，一说作诗都哑火了。但李白下笔千言，倚马可待。才气、文气，当场就给您满上。这样的人谁不喜欢？

最后也是最重要的一点是，李白夸人是真夸啊，从不吝惜溢美之词。虽说干谒本身就要夸人，但像李白这样，随随便便就把对方夸到天上少有地上无双还一点都不肉麻的可就少了。谁不知道《与韩荆州书》中的"生不用封万户侯，但愿一识韩荆州"？李白不光夸干谒对象，对朋友更是下死劲地夸。夸元丹丘"忽遗苍生望，独与洪崖群"，简直有谢安"此人不出，如苍生何"的风采。夸司马承祯更厉害，专门写了一篇大赋。孟浩然更不用说，说他是"风流天下闻"。《赠裴十四》说"朝见裴叔则，朗如行玉山。黄河落天走东海，万里写入胸怀间。身骑白鼋不敢度，金高南山买君顾"，估计都能把裴叔则的玉脸给夸红了。这样又有文采说话又好听的人，谁不喜欢？

李白虽然干谒的目的性很强，但交友时却不这样。游侠是他性格中重要的一部分，他对待朋友慷慨豪爽，所求甚少。能帮我就帮，不能帮我就喝酒，绝不死缠烂打。酒没了，我鬻马典裘买来继续喝，绝不让朋友没面子。李白还特别能记朋友的好，经常多年后相见还能清清楚楚地道出别人曾经帮过他什么。感动得你自己都想哭。李白读书多、懂得多，跟这种人聊一整宿都可以，根本不会冷场。说到天亮再给你升华一下：多大点事？一笑置之。

且喝酒，杯莫停。和他在一起，不仅愁绪被一洗而空，还附带赠送千古名篇，让在座各位都扬名后代。这样的"神仙"朋友，谁不喜欢？

❀ 太白秘参：唐代酒价到底几何？

《将进酒》中有这样一句："陈王昔日宴平乐，斗酒十千恣欢谑。"这里所谓的陈王指的是曹植。他写过一首乐府诗《名都篇》，是一群少年游侠在京都洛阳走马射猎，结束一天打猎活动后，在平乐观宴饮的情景。"归来宴平乐，美酒斗十千。""斗十千"的字面意思就是一斗酒价值十千钱，这是在说酒价昂贵。

古人饮酒的典故那么多，李白为什么要提到曹植呢？因为曹植的身份很特殊，他既是一个大诗人，才高八斗；同时又是一位王子，是京都游侠中的领袖。他设的筵席是公子之宴、豪侠之宴，那当然是极尽奢华的，美酒、佳肴管够。同时也是才子之宴、诗人之宴，贵而不俗。这就很对李白的胃口了。

"主人何为言少钱，径须沽取对君酌！"

有了曹植珠玉在前，请客的这位"主人"，就不要再说钱不够这种话了。要真没钱，我还有五花马、千金裘呢！一定要喝个一醉方休！

李白并不是真的责怪主人小气，而是用调侃的语气，劝大家把宴饮继续下去。万事不顾，一醉方休。我们说过，同饮的人都是李白的好友，所以才能开这样的玩笑。估计爱喝酒的读者会比较有同感，一群朋友喝到兴头上，服务员过来说储值卡花光了，你豪气顿生:"再开两箱,怕啥,不够的话,我的法拉利还停在门口呢,当了买酒。"

说到这里啊,就产生一个有趣的问题:唐代的酒,到底有多贵?一顿喝下来,要拿五花马、千金裘去换?

有朋友说,答案不是明摆着的吗?斗酒十千,一斗就是一万钱。

唐朝的"斗"有"大斗""小斗"之分,酒的计量一般是"小斗"。一斗约等于现代的四斤。唐代一千文相当于一两银子,"十千"即十两银子。李白在其他的诗里边也是这样写的,比如《行路难》说:"金樽清酒斗十千。"

王维:"新丰美酒斗十千,咸阳游侠多少年。"

崔国辅:"与沽一斗酒,恰用十千钱。"

白居易:"共把十千沽一斗,相看七十欠三年。"

看上面的诗句,这下我们能大致算出盛唐时期的酒价了,他们的诗歌都普遍说到唐代的酒价是每斗十千钱,是因为酒价一直没变化吗?

那么唐代的酒价到底是多少呢?不仅我们好奇,离唐人不远的宋人也很好奇。宋人刘邠在《中山诗话》里记录了这样一个故事:

真宗问进臣:"唐酒价几何?"莫能对。丁晋公独曰:"斗直三百。"上问何以知之,曰:"臣观杜甫诗:速宜相就饮一斗,恰有三百青铜钱。"

宋真宗曾经问大臣们,唐代的酒价几何啊?那么多文臣武将都答不上来。丁谓回答,每一斗三百。宋真宗就问了,你怎么知道的啊?丁谓说,我看杜甫的诗里边说,赶紧过来买一斗酒喝,我这里正好有三百青铜钱。

这句诗出自杜甫困居长安时所作的《偪仄行赠毕曜》:"街头酒价常苦贵,方外酒徒稀醉眠。速宜相就饮一斗,恰有三百青铜钱。"你看,这不就破案了吗?一斗恰好三百。

看到这里,大家恐怕有个疑惑。杜甫和李白、王维、崔国辅生活的时代差不多,怎么酒价差别这么大?是杜甫搞错了,还是李白搞错了?还是那个原因:用典。李白用了曹植的典故形容酒的珍贵。杜甫呢?很可能也是在用典。北齐卢思道曾说过:"长安酒钱,斗价三百。"所以后人注解杜诗时,专门指出"酒价苦贵"是真实的情况,但"三百青铜钱",很可能就是用了典故。

我们之前讲过,诗句中的数字不能太落实,否则就会闹笑话。关于算酒价这事,清代诗论家王夫之在《姜斋诗话》中就曾把那些在诗歌中硬考证事理的人称作"酸迂不通",还幽默地给他们出了个主意,说要不然,我们从杜甫那里买酒,再卖给崔国辅,这下稳赚三十倍,可不发达了吗?

其实王夫之的意思是说,诗和史毕竟有不同,咱们不必把诗人提到的数字当作事实来考据。这个当然是对的。但不同诗人笔下的酒价也有一定的参考性,反映了一定的现实。李白和王维的诗强调的是"清酒""美酒",所以用了曹植说的"斗十千",强调其名贵。杜甫的诗重点不一样,是说最近酒价飞涨,自己又手头紧张,见好朋友来,赶紧把钱都花了买酒,不然再涨下去,这些酒都买不起了。杜甫买的是市井里常见的浊酒,二者价格当然大不一样。好比你问当今的酒价,二锅头和茅台的价格自然相差十倍不止。

诗和史的关系其实就是这样。一方面，我们不能把所有诗句里边的数字当作信史一一对应，要充分考量文学的特殊性。另一方面，我们也要承认诗歌是社会现实的反映，即便不是实录，也能够从中窥探出当时社会经济的面貌。这就是"诗史互证"的意义。

✿ 黑暗的时光

许氏夫人去世了。

在给李白生下一子一女，陪伴李白度过那么漫长的怀才不遇的青春岁月后，许氏夫人因病去世了。

"三百六十日，日日醉如泥。虽为李白妇，何异太常妻。"我们从诗中完全看不到许氏夫人对丈夫沉湎于酒、从未显贵的埋怨，只能看到李白对妻子的愧疚之情。在这二十字之外，我们完全能想象到许氏夫人给予李白的包容、支持与爱，在李白遭遇风霜如刀的打击后，接受他、宽慰他、欣赏他。

现在她去世了。

李白现存的诗稿中并没有对妻子去世表达悲痛或怀念的篇目，他没有像元稹那样回忆妻子与自己的结发之情，为妻子"营奠营斋"。他不悲痛吗？他不怀念吗？

他悲痛，他怀念。

妻子死后，李白带着儿子女儿去了东鲁，度过了很长一段寄人篱下的岁月。天宝元年他被征召入京，封为翰林。三年后官场失意，被赐金放还。然后才正式娶了第二任妻子。这么多年，妻子的位置，一直空悬。

仅仅只是没人愿意嫁他吗？李白做翰林那几年张扬神骏，帝宠优眷，名动京师。应该说想跟他结亲的人多得是，但他没有。这才是真正的"取次花丛懒回顾"。

许氏夫人在世的时候，李白为她写过很多诗，光《寄远》一组就十二首。夫人去世后，李白究竟是人走茶凉，忘诸脑后，还是不忍写、不忍忆、不忍触及？

李白去了东鲁。

他有一个叔父在任城做官，还有几个远房兄弟在瑕丘当佐史，他去依附他们。李白祖先因为犯了罪被流放到条支碎叶，上推五代都是庶民，可想而知这些做官的叔父和兄弟跟他的亲缘关系有多远，但他去依附他们。李白在后来的回忆里虽然说自己在东鲁的家里富有田产，但他在东鲁曾搬过一次家。如果真的住得好，他又为什么要搬家？

"兰陵美酒郁金香，玉碗盛来琥珀光。但使主人能醉客，不知何处是他乡。"我们读这首诗时，欣赏于酒的可口，饮得喜悦，闲适优渥，随兴所之。谁不觉得这是首很放松很愉悦的小诗？但又有谁能品出最后一句李白不知何处为家的茫然？

"不知何处是他乡。"没有地方是他乡，都是故乡。只要有酒就是故乡。所以，我来到这个从未来过的东鲁，将这里当成我的家。天下之大，又有何处可立李白。

有没有一点辛酸？

但用闲适优渥，用酒的可口、饮的喜悦埋藏起来了。当太白真正悲痛时,我们是看不到的。他想让人看到他的表达,但不想让人看到他真正的悲痛。洛城春夜闻笛时,他的失落只是一句淡淡的"何人不起故园情"。当他五十八岁被流放夜郎,面临着人生与政治抱负都再无希望的绝境时,他也只是淡淡地说了一句"黄鹤楼中吹玉笛,江城五月落梅花"。那一枚梅花摇落的景致,听在太白的耳中,究竟是怎样的呢?

他什么都没有说。

我们看到的永远是那个"痛饮狂歌空度日,飞扬跋扈为谁雄"的诗仙。

他不需要我们的了解。

李白的诗歌传到国外,被一位法国女诗人收入了一本《汉诗集》中,后来又被德国诗人汉斯·贝特格转译成唐诗集《中国之笛》,其中有一首《愁世的饮酒歌》,应该是融合了李白《客中作》与《悲歌行》两首诗。

愁世的饮酒歌

美酒在金色酒樽中向你招手
但请在痛饮前听我一曲狂歌
我的诗句,在你的灵魂中大笑
悲伤来临摧折了愁世的乐国
那生命将枯萎,欢乐将消逝
我们生于黑暗,也死于黑暗

1907年,德国浪漫主义最后的音乐大师古斯塔夫·马勒读到了这本异国诗集,灵魂受到触动,写下了他最著名的交响杰作《大地之歌》。《大地之歌》一共六节,引用了七首《中国之笛》中转译的唐诗。这些诗歌在转译的过程中屡被割裂、组合,甚至已无法判断到底是由哪首诗转译的,但它们蕴含的美感与情感却被继承下来,在感动人的同时,让这部交响乐悲壮、宏大。马勒的妻子在回忆录中写道:"那些孤寂的日子里,他整日地发呆。那本极度伤感的诗歌,彻底击倒了他。"马勒并没有被击倒,他只是被这些诗带进了音乐中。

这些诗歌中,就有《愁世的饮酒歌》,还有李白的《采莲曲》《春日醉起言志》和王维的《送别》。它们被组合成愁世饮酒、寒秋独立、青春、美人、春醉、送别等乐章,在凄怆的基调下描摹欢乐,从人世唱到永别。这组凄美的交响乐,又被多少人听到?又感动了多少人?

诗歌是有生命的,它会自己出行,远游,干谒。它会走得很远很远,听着驼铃,踏着风涛,来到海与天的远方。我们会发现那里也有李白,也有王维,语调迥异的诗歌其实就是我们从小吟咏的。它能感动我们,也能感动这里的人。这或许就是我们在第一章中所说的,李白,其实比我们想象中更早地被整个世界共享了。

❀ 终于到天宝了

从《行路难》开始,李白诗中的酒就多起来。此前他极少提到酒,就算是在金陵时作的《对酒》,也是"蒲萄酒,金叵罗,吴姬十五细马驮。青黛画眉红锦靴，道字不正娇唱歌。玳瑁筵中怀里醉，芙蓉帐底奈君何"，意不在饮酒，而在美人。但到这一时期就是"两人对酌山花开，一杯一杯复一杯"，喝酒成为诗的主题。这与李白政治上的失意是分不开的。

就算在诗歌上取得如此大的成就，李白也有些承受不起这样的打击。他来到东鲁后一度很颓废，诗酒自遣还不够，还考虑过跟剑圣裴旻学剑。裴旻的剑术闻名盛唐，同吴道子的画、张旭的草书并称为"三绝"。他在开元前期曾随信安王西征吐蕃，北伐林胡，屡建军功，官拜金吾将军。李白想让裴旻收自己做弟子，但裴旻没有答应。

感谢裴旻。

李白在东鲁到底失意到什么程度？他甚至不热心于四处干谒了。此前他每到一处必先干谒，这是他实现理想的必要手段；但在东鲁，他接连遭受打击，连干谒都近乎停止。

他的一生，似乎就定格在这里。他将庸庸碌碌，郁郁而终。他的帝师之路，庙堂梦想，此人不出如苍生何的豪言壮语，都将是黄粱一梦。

但幸好，到天宝了。

开元二十九年（741），唐玄宗做了个梦，梦见大唐始祖老子对他说终南山藏着他的圣像，得到后必然有"非常之庆"。果然在山中找到了老子像，迎回兴庆宫供奉。后来有个叫田同秀的官员上奏说在大明宫丹凤门的上空见到了老子，老子告诉他，尹喜故宅里藏着他留下来的宝符，唐玄宗赶忙命人前去寻找，果然也找到宝符了。就是因为这连番的天降祥瑞，第二年玄宗决定把年号从开元改为天宝。

天宝元年,陬居东鲁的李白,终于迎来了天子诏书,宣他入京做官。

从上书李邕开始,长达二十二年的干谒,终于迎来了一个好的结果。但讽刺的是,为他取得这封诏书的,不是他辛辛苦苦写了那么多干谒文、吹捧了那么久的达官贵人,而是他从小就结识的"总角之交",元丹丘。

是那只从没笑过他的斥鹦。

开元二十九年秋,元丹丘接到入京的诏书,拜为西京大昭成观威仪。刚接到诏书时,李白就赶来贺喜,还带来了自己钳下来的几缕白发:兄弟,你现在发达了,也提携提携老兄吧。等元丹丘出发时,李白又来相送,还写了一首《凤笙篇》:"莫学吹笙王子晋,一遇浮丘断不还。"老哥一辈子的抱负,就在你身上了,千万别一去不返啊!李白的殷殷嘱托,溢于言表。元丹丘回应了吗?

当然。

元丹丘在西京大昭成观威仪的位置上,只坐了一年。在这一年中,他为玉真公主建了一块《玉真公主受道灵坛祥应记》碑,向玉真公主举荐了李白。然后李白高歌入京,成为风流天下闻的太白谪仙。仅仅过了一年多,元丹丘就辞去大昭成观威仪,离开长安。他这次奉诏入京,似乎仅是为了给李白求来这一封诏书。

在那些大鹏醉卧的日子里,他对斥鹦说了很多话。斥鹦一直默默。直到天应宝符的那一年,踏入这座城后,斥鹦才对大鹏说,那些你的颓唐,你的失落,我都听到了。那时我没有安慰你,是因为我做不到。现在我能做到了。来吧。我呼尔游,你同我翔。我虽然只能翱翔蓬蒿之间,但我知道你应该在天际。飞吧,再多的人嘲笑你,我都相信你真的是鹏。你只是缺一阵属于你的风。

在天宝元年的长安,有一只小小的斥鷃努力地扇动着翅膀,只为扇起一阵让大鹏飞上天的风。

李白做到了,让他"惟有饮者留其名"。

元丹丘也做到了,让他"扶摇直上九万里"。

在元丹丘眼中,李白不是神仙,也不是帝王师,他就是一位少年时就已相知的朋友。是诗仙就给我写两首好诗,是浪子就同我大醉一场,我都会奉陪到底。

如此而已。

第三章　从谪仙到谪臣

天宝元年，李白一人一身布衣，进入长安。

整个长安城都在等待他的到来。他的诗名早就传遍全城，他的名作《大鹏赋》几乎家家都有一本，他的诗人人都能背上两句，他的事迹成为街头巷尾最热的谈资。他的热度，高到"名动京师"，整个长安城都为之震动。

身为秘书监的大文豪贺知章，读到他所作的《蜀道难》，立即惊呼他不是凡人，而是天上的太白星精，称他为"谪仙"。这个名号传遍长安，人人都知道长安城来了一位仙人。贺知章一定要请他喝酒，一直喝到钱都花完了，便解下腰间的金龟换酒。要知道这枚金龟可不仅是金子，它是上朝时的"工牌"，上面写着名字、官职，没它进不了皇宫的门。而且，唐代只有三品以上才能用金。贺知章为了请李白喝酒，连三品官的工牌也不要了。可想而知贺知章是多么赏识李白，宁愿用这种方法来成全他的诗仙之名。

入宫那一天，玄宗皇帝"降辇步迎"，不仅"以七宝床赐食"，还亲手调羹喂他。可以说礼遇之盛，前所未有。玄宗说了给李白特殊恩遇的理由："卿是布衣，名为朕知，非素蓄道义，何以及此。"李白的名声，已上达天听。不光长安城的百姓如雷贯耳，就连玄宗皇帝也经常听说，若不是李白道德水平极高，又怎会有这样的名声呢？

于是，他被授翰林供奉。官不大，却能亲近皇帝，是一个很好的起点。

之后他的事迹不断被传出。

玄宗新得了几株名贵的牡丹，又娶了如花似玉的杨玉环，如此良辰美景，赏心乐事，必须得来上几篇千古流传的诗句。李白一挥而就：

清平调三首

云想衣裳花想容，春风拂槛露华浓。
若非群玉山头见，会向瑶台月下逢。

一枝红艳露凝香，云雨巫山枉断肠。
借问汉宫谁得似，可怜飞燕倚新妆。

名花倾国两相欢，长得君王带笑看。
解释春风无限恨，沉香亭北倚阑干。

三首《清平调》一出，无论皇帝、妃子、名臣、百姓，都争相传唱。这一唱，就唱到了一千三百年后的今天。如果玄宗有一双穿梭时空的手，他一定会把五十年前龙门山上宋之问披着的那袭锦袍夺过来，重新披在李白身上。怎么会有人有这么高的才

第三章 从谪仙到谪臣

华?不过几首侍游应景之诗,竟然写成了千古名篇。真可谓天生其才。

这个故事,还体现出李白性格中的另一点特征:天生其狂。

玄宗诏请他,他醉酒不奉诏。他醉眠酒肆,天子呼来不上船。要几次诏请,才肯写诗作文。更有离谱的传说,说他要"贵妃捧砚,力士脱靴",从没有人敢在皇帝面前这么摆谱。

他与贺知章等人结成酒中八仙,日夜饮酒优游。

每每皇帝召见他,他都在醉中,高力士也不知扶了他多少回。

我们没有他绝世的才华,不能像他这样醉酒写出《清平调》,也没有他疏狂的格调,面对皇帝及权贵时逞才任性,张扬自我。所以我们心甘情愿地称他为仙人。他用超然绝世的才华,矫矫不群的行为,穷极清微玄旨的博学,游遍名山大川的行迹,把一个仙人的形象真实地带到了世人面前。

这就是李白。

入翰林院的这段时间,是李白帝师之路的高光时刻。按照魏颢的说法,他替皇帝写出师诏,连草稿都不打,一挥而就,文采斐然。因此皇帝亲口许诺要提拔他为中书舍人。中书舍人是什么官?可以称之为宰相的预备役。李白的理想,终于看到了实现的曙光。

但三年之后,他被赐金放还。从此再未被起用。

二十二年干谒,三年在京,之后十九年重为布衣。从李白这一生来看,他的帝师之路是失败的。我们谈到这段经历,多数会感伤他这么快就官场失意,也不乏有人诟病他这段时间甘为侍从文人。那么,这长安三年,到底发生了什么?

❀ 长安三年

纵观李白的长安三年，会发现一件很奇怪的事。

李白立志要当帝师，整整二十二年都在干谒，从未停止。等他终于得到机会时，本应该紧紧抓住，好好工作，好好表现自己，争取同侪的认可，上司的赏识，早点获得提拔，为了实现政治理想付出一切。

但他似乎不是这样做的。

李白来到长安后干的最多的事就是喝酒。《清平调》是在醉中写的，《出师诏》也是醉中草书的。他整天和酒中仙们混在一起，宁王赐酒，群公列筵，喝了一顿又一顿。流传的韵事也多与酒相关，甚至不时出现酒醉不能奉诏的情况。

似乎李白没有珍惜这个机会。在得到它后，他把时间都浪费在放纵自己、逞才使性上了。他也没有表现出什么真正的政治才能，大多数抢眼的表现都在歌颂皇帝、妃子的诗歌上，看上去只是个奉承皇帝的御用文人。

还有人从李白的出身、经历出发，分析他不太可能具备真正的处理政务的能力，毕竟那些能力都需要官场上的历练。而李白之前从未进入过官场，不可能像他在诗文中说的那样，出将入相。如果真的给他兵权，他可能连怎么打仗都不会。所以他既无法走军功之路，也无法在官场中通过正常晋升成为宰相。他的帝师理想，更像是书生的空谈。

三年后，李白被赐金放还，更加印证了这些说法。李白是成功的诗人，个性张扬，行为放旷，充满理想主义。这些都是诗人的加分项，却是官场的致命伤。他不适合做官。

从他之前的事迹中也可找到佐证。干谒荆州长史韩朝宗时，对方是长官，他是布衣，但李白仍旧行平辈之礼，而且文辞咄咄逼人，一点求人的觉悟都没有。更不用说早期的《上李邕》了，少年轻狂，表露无遗。作为文人，还可以说是个性，但作为长安城中的低级官员，这就是妥妥的"低情商"了。

再比如，刚出蜀时，明明有三十万钱，他为啥不拿着这些钱去打点那些官员？那些官员不才是举荐他的人吗？他却拿来周济落魄公子，仅仅只买了一时虚名。

所以，他的政治理想注定会是悲剧，根本没有实现的可能。

这些，都成了主流观点。

我无意去反驳这些观点，只想从启发读者思考的角度出发，重新审视一下官场中的李白。

李白是一个不合格的官员吗？

玄宗几次召见李白时，李白的确都喝醉了。这很容易让人得出"李白嗜酒误事"的假象。但，仔细品读这些故事，李白真的误过事吗？李白当时是翰林院供奉，职责就是草拟诏书、吟诗作赋，这些工作，因为醉酒而没能完成吗？写《清平调》时醉酒，但《清平调》写得如何？好到玄宗亲自吹笛子伴奏，李龟年四处向王公们夸赞，就没见过这么好的歌。写《出师诏》时醉酒，但这篇诏书一挥而就，玄宗甚至因此承诺让他做中书舍人。喝酒是真的，误事？从来没有过。

再看李白之前的事迹，他自己都说自己经常喝得醉如泥。真相如何呢？与岑夫子、丹丘生喝酒，写出了千古名篇《将进酒》。自己一个人喝酒，写出了"花间一壶酒，独酌无相亲"。李白斗酒诗百篇的时候，到底是醉着还是清醒着？不值得商榷吗？

所以，我们不得不考虑这样一个问题，"李白嗜酒"，到底是个真命题，还是只是李白完成自我形象塑造的一个手段？也就是说，是他有意为自己立的"人设"？

醉，反而成为才华的最好的烘托，让人印象深刻，让他超越凡俗。

再重看《将进酒》。

这首酒徒的"圣典"，读完后给人留下印象的是什么呢？是酒多么好喝、多么让人沉醉吗？不，是"天生我材必有用"的自信、"千金散尽还复来"的豪气、"五花马、千金裘，呼儿将出换美酒"的洒脱、"惟有饮者留其名"的气概与自许。李白把自己的人格完美地呈现在了读者面前。

还能说他是醉着的吗？

还能说他的醉是受欲望驱使的放纵吗？

郭沫若说，李白醉了的时候最清醒。我想说李白的"醉"有时也像是一种浪漫、神秘又充满狂气的滤镜，让李白的形象超凡入仙。

再重看《清平调》和《出师诏》的创作过程。

那天天子心情很好，觉得名花、妃子这双绝难得，才特别命李白写新词的。如果写不好，遭遇的便会是天子之怒。玄宗左等右等，等到李白醉醺醺地上来，一定眉头紧皱：这还行不行啊？期待值立即降低。但诗文呈上来之后，却是绝世之作。这时的欣喜，是不是比一开始就没见到李白醉酒更强一些呢？这就叫欲扬先抑。

所以李白在重要时刻的醉酒，多少有点精心布置的意思，很难说是适逢其会，或者说是放纵。醉酒并没有影响到他才华的展示，反而让人更印象深刻。

所以，我谨慎地认为，醉酒，是李白为自己立的"人设"。换句话说，是他完满自我形象的一种方式。这个"人设"，可以上推到很久之前。可以说，从李白出蜀之后，就开始逐渐实施了。草蛇灰线，伏脉千里，一点一点地烘托着李白的才华，一直到最后的顶点"李白斗酒诗百篇"。嗜酒或者喝酒误事，其实是多数人对李白的误解。李白对自己的人生不是没有规划，反而规划得很深远。大化无形，几乎无斧凿之痕。

李白通过这一"人设"，使自己的才华更加令人印象深刻。而才华，无疑是成为帝师也即宰相的必不可缺的基石。

李白没有政治才能和政治规划吗？

普遍的观点认为李白没有在官场中历练过，没有处理政务的能力，真入阁拜相的可能性几乎为零。至于出将，李白虽然说自己读过无数兵书，但实际上从未实操过，纸上谈兵的可能性很大。加上李白的个性太过于放诞，未必能跟同侪好好相处，容易受排挤。基于这几点，便得出李白不适合政坛的结论。

确实，这些缺点李白都有。李白人生中有二十二年都在干谒，四处游历，结交豪侠，游走于权贵之门，漂泊于江湖之上。他的确没有在官场中学习过如何处理政务，也没有统兵打过仗，而这些能力都不是短时间能历练出的。但是，李白对自己的政治理想并非毫无规划，反而是认真对待，做过充分准备的。

李白对人生的规划与准备，最多体现在对"名"的积攒与追求上。

"名"是他踏入官场的敲门砖，也是他打动玄宗的最核心的东西。元丹丘的举荐固然重要，但如果李白没有这样的名，他进入不了玄宗的视野。所以举荐是机遇，是外力，但名才是关键，是内因。

有人会认为，那李白也没有多做什么啊，不就是写写诗、干干谒、游游玩、喝喝酒吗？别人不也都是这么干的？

其实并不是。

仔细分析一下李白自蜀中少年到长安三年的行迹会发现，他很早就做出极其深远且详细的人生规划。他与别人最大的不同是，别人干谒是为了求官，而他干谒是为了求名。

李白还在蜀中时，定下的人生的政治道路是制举。他为自己选取了三个努力的方向：习文、修道、学剑。这三者正是大唐最看重的三点，大唐有浓重的诗文氛围、修道氛围、尚武氛围。李白选择向这三个方向发力，可以说是踩对了大唐的热点。

之后他是怎么做的呢？

习文自不用多说，从《峨眉山月歌》开始，李白就名篇不断。其超绝的诗才根本不需要过多的宣传便能震惊世人，为他带来极高的名望。事实也是如此，相国高门看重只可能是他的才华。也只有这样的才华，才能让他结识孟浩然、王昌龄、崔宗之等人，并让贺知章心甘情愿地做绿叶陪衬。李白出蜀后游历四方、广为结交，走到哪里，诗就写到哪里，对文名的散播作用是不言而喻的。再结合之前提到的以嗜酒的"人设"张扬才华的设计，带出大量的话题与佳话，非常有利于扬名。比才华，李白从未输过。

修道呢？

李白在江陵拜见道教第一人（即道首）司马承祯，司马承祯对他大加赞赏，李白乘机写了《大鹏遇希有鸟赋》。这篇赋既有超高的文采，又踩中了大唐人人都好修仙、言神仙事的风气，因此广为流传。李白说它"往往人间见之"，魏颢说它"时家藏一本"，都说明流传度极高，是当时的畅销作品。李白在赋中稍稍夹带了点"私货"，把司马承祯对自己的夸赞一字不落地全写了上去，显示出了太白先生的一点小心机。他这样做的目的是什么呢？无非也是扬名。借这位上清派的第十二代祖师，为自己扬名。

学剑呢？

李白在江右干了两件著名的事，一件是告贷埋葬友人吴指南，一件是散金三十万周济落魄公子。两件事都做得慷慨侠义，直指《刺客列传》《游侠列传》里的那些侠义之士。钱是没了，名声却起来了。

这几件事都是李白出蜀不久就做了的。这说明他"扬名"的策略是从一开始就定好的。但这也不是什么稀奇事，唐代人都这么干。孟浩然、高适、杜甫也都是四处游历，散播文名。名声大了才能干谒成功嘛。李白与他们最大的不同，就在对自我的定位上。

杜甫有一篇很有名的干谒诗《奉赠韦左丞丈二十二韵》，一开始也是先自我吹嘘，最经典的一句就是"读书破万卷，下笔如有神"。这很像李白，不是吗？但接下来，他就开始写自己的困窘："骑驴三十载，旅食京华春。朝扣富儿门，暮随肥马尘。残杯与冷炙，到处潜悲辛。"我过得不好啊，求求您帮帮我吧。"主上顷见征，欻然欲求伸。"您发达了一定要带上我啊。

这才是正常的干谒。干谒是求人啊，求人焉能不卑躬屈膝？

高适干谒时也是这样。在《真定即事奉赠韦使君二十八韵》中先是把对方大加吹嘘了一段，然后开始哭穷："沦落而谁遇，栖遑有是夫。不才羞拥肿，干禄谢侏儒。"姿态同样放得很低。

但李白呢？我，旷代之人才；你，赶紧来举荐。不荐你就是俗人。《上李邕》是不是这个意思？《上安州裴长史书》："愿君侯惠以大遇，洞天心颜，终乎前恩，再辱英眄。白必能使精诚动天，长虹贯日，直度易水，不以为寒。若赫然作威，加以大怒，不许门下，遂之长途，白既膝行于前，再拜而去，西入秦海，一观国风，永辞君侯，黄鹄举矣。何王公大人之门，不可以弹长剑乎？"更是直接威胁上了，你要是不举荐我，我就走。我走了，那是你的损失！《与韩荆州书》最为著名，"而君侯何惜阶前盈尺之地，不使白扬眉吐气，激昂青云耶"，你为什么吝惜堂前的方寸之地，不让我大展才华、吐气扬眉呢？这叫求人吗？"幸推下流，大开奖饰，惟君侯图之。"好一句"惟君侯图之"！你考虑清楚哦，要不你再考虑一下？

这么一对比，李白的干谒就不太对路了。事实上，李白这样的干谒也没为他带来举荐。一次两次还可说是年少无知，三次四次，乃至到了三十岁、四十岁，李白还是不知道问题出在哪里，还是不知道悔改吗？

第三章 从谪仙到谪臣

这不太可能。

除非李白的主要诉求并非是为了求官,而是为了求名。

他要求的,就是不卑躬屈膝、不流俗逢迎、我这颗头不会为凡世富贵而低的名。

如果以这样的诉求去看他的干谒,就合理了。别人拜见这些高官,是因为他们掌握着举荐的权力,而李白拜见他们,是因为他们名重,睥睨他们更能彰显出自己的与众不同。别人的干谒文都写得羞涩而寒酸,他则张扬飞纵,自然更加令人印象深刻。别人干谒时为了做官顾不上自己的面子,他则不然。所以,李邕、裴长史、李长史、韩荆州都是一种衬托,成就了他超凡脱俗、平交王侯的谪仙形象。从这个角度来看,李白并非不谙世事,而是清楚地知道自己求的是什么。

这些干谒没有让他得到举荐,但同时,也推动并促成了他的"名动京师",甚至传进了玄宗的耳朵。任何一个读到他的干谒诗文、亲眼看到他的狂傲干谒方式的人,想必都会对他印象深刻,自动成为他名声的传播者。

这样说来,太白还是有点小心机的。

再重新看一下他二十二年的干谒,还能说是失败的吗?还能说他是跟别人一样,只是干谒写诗吗?

太白对待自己的政治理想非常认真,做了很长远的规划,静夜独思时,他应该不止一遍地推演过自己该如何走这条帝师之路。从上述分析中能看出他想了很多很多,但这还不是全部。李白对自己规划的最重要的一笔,在于他要给自己的"名",勾勒成一个特别具体的、特别有辨识度的、特别适合自己又迎合这个时代的"名"。

他要成为一个独一无二的人。

唐代特别是玄宗时期,是个英才辈出的时代,尤其是文人,非常多。张说、苏颋、张九龄、孟浩然、王昌龄、贺知章……多得数不过来,还有大名鼎鼎才貌双全的王维。要说名声,这些人都很大。但他们的名声又不够大,因为并没有"以名取人"做到宰相。李白要想实现自己的政治理想,名声就必须得比他们更大,不仅要取得文人圈子里的名声,还要取得权贵圈、庶人圈的名声。他要"破圈",最好让人一想起大唐,就想起李白。

这个具体的名,就是借贺知章之口说出的"谪仙"。

大唐具有浓重的修道氛围,为了稳固政权,唐王室"认定"了两位祖先。一位是凉武昭王李暠,意思是我们李家祖上就是皇帝;另一位则更不得了,是道教元祖、神仙领袖、被称为太上老君的老子李耳。我们李家祖上不但是皇帝,还是神仙。也因此,道教成为唐的国教,上至天子下至庶民都是信徒。唐玄宗就亲自受过道教法箓,是一位道士皇帝。他的亲妹妹玉真公主更是直接出家当了道士。

大唐最敬仰的是什么?是神仙。

那神仙是什么呢?司马承祯的师祖陶弘景编纂过一本《真灵位业图》,收录了三千多名神仙。这是神仙第一次系统地出现在世人面前。但那毕竟是图画,现实中到底有没有神仙?有。跟李白同时期就有一位,张果老。此人号称活了三千岁。在李白黯然离京时,他被授予银青光禄大夫,据说唐玄宗还要将玉真公主嫁给他,荣宠无比。

这自然不可能是真的。古代经常出现活了几千岁的老神仙突然死了的尴尬局面,自诩能炼出长生不老丹的道士往往连自己的病都治不好。

那真神仙究竟什么样?

李白指向自己,给出了神仙的第一条修养:有才。不是一般的才,而是出世之才。小小天门山,经他一挥笔,就成了吴姬天门那样的山海奇境,让读过这首诗的人再也回不去了,自动脑补出顶天立地的奇景。这便是李白的强处,强到千年之后都没人能理解得了,强到读到他的诗就会由衷地冒出贺知章的疑问:这是凡人写的吗?如此才华,是李白能把自己塑造成仙的重要基石。这一条,后人想模仿也模仿不了。

神仙的第二条修养:洒脱。世人啊,你们所看重的金钱、富贵,在我这里都不值一提。我,三十万钱挥手散去,散去了它还复来。我,布衣笑傲王侯,官爵也不能让我折腰。那些都是你们凡人追求的东西,我,神仙,无所谓。

神仙的第三条修养:超凡。我在另一个世界里,别跟我提凡间的事。讲一个有点穿越感的笑话,如果有人能够连线上李白,问他在哪里。李白肯定会回答:忙啊,正跟希有鸟在八极之外飞哪。挂了挂了,快撞上太阳了。在李白的世界里,神仙往来随处可见,他的行踪也是。西上莲花峰,梦游天姥,惝恍迷离,到处是洞天仙踪。李白的超凡不止于此,还有很多不可思议之处。他从哪里来为什么没有人能说得清?他干谒求人怎么就这么狂?五花马、千金裘,如此奢华之物就换了几斗酒喝了?玄宗是太平天子,怎么敢让他屈尊为你调羹?这些神秘色彩,由李白亲自制造,又精心引导,善加利用,最终让他与这个绰号极为精准地融为了一体。什么是谪仙?眸如灿星,出口成章,醉能草诏,神游世外。王侯粪土,富贵浮云。济困好义,飒然千里。

他用二十二年的悠长时间,一次次地努力,垒蓄着自己的神仙气。为此他失去了很多,但这些失去又是获得。现在,他准备好了,长安城也准备好了。更广阔的舞台等待一个惊艳的亮相。这个亮相,就是一次在酒肆里与贺知章的相逢,一壶金龟换来的酒,一句谪仙。

二十二年的干谒,一个完美的句号。

但他成仙的旅途,并未就此终止。长安城才是李白展示自己的最佳舞台。回顾他写《清平调》、写《出师诏》,让高力士脱靴,天子呼来不上船,皇权这个用来衬托他的仙人之姿的最好的工具,被他利用到最大化。

他独一无二。他是谪仙,别人都是凡人。

这是一次成功"破圈",他的名声不仅仅在文人圈里,在权贵圈、庶人圈都有极高的名望。大唐诗坛,群星闪耀。王维、杜甫的才华可能不下于他,但在大众知名度上,只能甘拜下风。

不能说太白是刻意这样做的,是个有心机的小人。他只是很好地把人生的规划和自己的真性情融合在了一起,他想成为谪仙,他成为谪仙,是因为他本来就是谪仙。他才高,好道,心有侠气。这些都是真实的他,真实不做作。他的人生规划更多的是把真实的自己凸显了出来,而非树立一个虚假的"人设"——这是我们必须要先明白的。

那么,依仗这样的声望,李白有没有可能实现政治理想?

第三章 从谪仙到谪臣

我想,并非不可能。至少不像很多人说的那样,毫无可能、全是空想。原因有如下几点:

第一,唐朝的确有"以名取人"的传统,笼络高人逸士中名扬宇宙的人物,以示天下归心。名望越高,越可能受到更高的礼遇。李白将自己打造成深入人心的谪仙,名望成功破圈,因此,他受到统治者重视进而身居高位,也是有可能的。

第二,李白没有真正意义的权力野心。他不止一次地表示过干两年就退休,"功成拂衣去,归入武陵源""功成拂衣去,摇曳沧洲傍""若待功成拂衣去,武陵桃花笑杀人"。所以他不会争权夺势,这就与苏颋、卢怀慎的定位很相似,甘做副手,如此,被人接受的可能性就高多了。甚至李白追求的还可能不是真正的相位,而是陶弘景那样的"山中宰相"。他真正想要的其实是玄宗心中的地位。这也是我们一直把他的政治理想称为"帝师"而非宰相的原因。

第三,李白得到了玄宗的认可。据说《出师诏》写完后玄宗很满意,当面许诺要封他为中书舍人。这个职位虽然离宰相还有距离,但可以看出,李白在自己的本职工作上是合格的,有进一步提拔的可能。

基于这几点,应该说李白"以名取人"的规划是成功的,而且其政治理想的实现有比较大的可能。长安三年他并非工作不努力,而是致力于在这个新的舞台上为自己赢得更大的名,把自己的才华更立体地展示给上司。

或许,这才是李白帝帅之路的真相。

这个结论的对错并不重要,重要的是换一个角度,去看待李白的政治理想；不把他看作一个不谙世事、纸上谈兵的狂徒，而把他当作一个理性的人，去探究他的人生规划。

但即便做了如此充分的准备，迎接他的，还是他的政治生涯的终点——赐金放还。

关于被放还的原因，比较中肯的说法是遭到了谗言中伤。李白自己也写过一首《惧谗》：

> 二桃杀三士，讵假剑如霜。
> 众女妒蛾眉，双花竞春芳。
> 魏姝信郑袖，掩袂对怀王。
> 一惑巧言子，朱颜成死伤。
> 行将泣团扇，戚戚愁人肠。

这说明当时的确有谗言。上谗言的人有名有号，叫张垍（jì）。张垍不是普通人，是玄宗的女婿，尚宁亲公主，是李白翰林院中的顶头上司。谗逐李白的逻辑也就很通顺了：生恐李白抢了自己的位置。

李白丢官的原因，到底是张垍的谗言还是别的什么，我们先抛开不谈；因为即使没有张垍的谗逐，李白实现政治理想的可能性也几乎已没有了。因为天宝元年，已经不是李白刚出蜀的开元十二年。

开元十二年，唐玄宗三十九岁，当皇帝才十二年，还在励精图治的时期。大唐吏治较清，国力蒸蒸日上，人人都认为唐玄宗是少有的圣主明君。但天宝元年，唐玄宗五十七岁，他已经不再

第三章 从谪仙到谪臣

励精图治,而想着享受了。他开始大兴土木,从民间选秀女充实宫掖,纳了美艳绝伦的杨贵妃。他把政务全都交给宰相李林甫,自己专门享乐。他听不进去谏言,也对选贤任能失去了兴趣。

当天宝元年李白以谪仙之姿进入长安城时,这时的大唐,已是一个皇帝无心选才的时代,一个被奸相把持朝政,容不下贤才的时代。

李白用二十二年的努力,拿到了帝师的钥匙,打开了帝师之门,却没想到门后面的路是断的。

他的政治理想注定无法实现。

惧谗,惧的仅仅只是张垍吗?

他有没有努力过?争取过?他有没有对唐玄宗痛陈利害?他有没有想改变唐玄宗让其重新恢复成开元十二年的英明圣武?

他又得到了什么?

长安三年,当他离开这座都城时,回望那座巍峨的宫殿,他看到的是什么?

是对那个曾照耀他人生、许他知遇的君王失望,还是对这条被巨蛇缠绕,绝天地通的辉煌大道的绝望?

他站在这里,有没有回想这二十二年,他费了多少努力,多少规划?他岂止是做到了一个普通人能做到的极限,他是做到了一个拥有非凡之才,却无非凡之出身者能做到的极致。可就算他再努力、做得再好,实现理想的可能就不会是零吗?此时的他会不会怀疑自己的人生,怀疑自己,怀疑这如锦的年华还不如做一场梦?

道不可行,不如归去。

❀梦断帝师，名成诗仙

对于李白的政治理想来讲，长安三年是痛苦的。但，长安三年失败吗？

不。

因为在李白身上的规律再一次显现：每次他在帝师之路上备受挫折，他的诗仙之路就会高歌猛进。这次也不例外。长安三年是李白帝师之路的最重要的节点，甚至可以说是终点，但对他的诗仙之路也同样重要。因为李白是个个性张扬的人，他需要这样一段充分释放自己、让自己的个性张扬到极致的时期。

李白选择干谒作为自己的道路，虽然有很多规划，但这些规划与他的个性完美地统一在一起。文、道、义，都是他发自骨子里的喜欢。不能说他把自己规划成了谪仙，而应该说他本身就是谪仙，通过一篇篇诗文、一件件事迹，越来越洗练、明显，最终让所有世人都仰面观看。前文中，我们说李白也有一些小心机，但这些小心机与别人是不同的。别人的心机是放在文章外的，比如千金买马骨，固然很好，噱头十足，但它就是一场炒作。而李白不同。李白的所有对自己的规划全都形诸诗文，化成一篇篇闪耀千古的文章。诗文之外的一丝一毫都没有。这就不能叫炒作。他始终还是用诗文这一自己最擅长、最根本的优势来叩击这个世界的大门。

这是李白的坚持，也是他成为诗仙的原因。是千年后我们仍能清晰地感受到他的悲欢、感动于他才华的最关键点。

第三章 从谪仙到谪臣

长安三年是李白将自己的谪仙之名推到极限的三年。这三年他醉酒高歌，就连帝王的威权都不放在眼里，他的个性得到了最大程度的释放。或许我们可以认为杜甫等人代表了唐诗的厚度，忧国忧民，沉郁顿挫，让整个民族随之思考；而李白等人则代表了唐诗的高度，尽情地释放自己、展现自己，让个性带着诗歌的翅膀飞向更高的天空。从这一点而言，长安三年对李白是很关键的。这样一段尽情飞扬的时光，才能将他的个性完全释放出来。事实也是如此，长安三年使得李白慢慢地独占了谪仙之号，后来更是一提起诗仙，就会让人想到李白。

长安三年对李白的另一个关键影响就是开拓了李白的视野，这直接引发他边塞诗歌的创作。在此之前，李白多流连于东鲁、安陆、吴越之地，距离边塞太远，并不能直接感受到边塞的氛围。而长安是政治中心，军国大事都在此决断，不时有将领、使节往来于边关与都城之间，这都让他接触到了更多边塞的人与事，视野大为开拓。《关山月》，《塞上曲》《塞下曲》就是这段时间创作的。

关山月

明月出天山，苍茫云海间。
长风几万里，吹度玉门关。
汉下白登道，胡窥青海湾。
由来征战地，不见有人还。
戍客望边色，思归多苦颜。
高楼当此夜，叹息未应闲。

关山月是乐府横吹曲辞的一种。李白沿用此题,用来写征戍之苦。宋人吕本中认为此诗"气盖一世",我们可以从本诗的写作手法上体会一下,李白到底如何"气盖一世"。

第一句抬头望月,写天山上月亮照耀云海。虽然写的是天山,但给人的感觉是在写眼前所见之景。读到"长风几万里"时,读者的思绪还在天山,以为是用夸张的手法写风,但下一句已经倏然来到了玉门关,原来上一句写的不是风,而是几万里的空间转移。文字的出奇造成了空间上的开阔感,几万里的"气",就这样被容纳在了短短四句中。下两句则上推汉代,下抵于今,由空间转向时间,在读者还流连在上一句的万里空间中时,李白将千年时间的转移,也纳了进来。读者的思绪跟着诗人上下转换,句句在情理之中却出意表之外,构造出飞扬沉雄的盖一世之气。这是太白的独门功夫,很多篇名作中都用到了它。

从732年洛城闻笛到742年南陵别儿童入京这十年的时间里,李白主要的诗作以酬答、交游为主,标题多是送某某人或者到某某处游,但从天宝元年到天宝四年(745),可以明显看出李白酬答交游的诗所占的比重少了,而感怀言志的诗多了。这同诗人的境遇是分不开的。李白之前的诗当然也抒情言志,但那时的打击没有现在这么大,情感的丰富性及浓烈程度也就没有现在这么高。以前是:遇到了事说说吧。现在是:心里有事,你听不听我都要说。

长安三年,对李白诗歌艺术的发展至为重要。一位伟大诗人的成长,需要漫长的积蓄期,更需要有一段得到肯定、张扬个性的时期。或许可以说,长安三年,李白的诗歌真正地走向成熟。到这个时间点,他基本上尝试了诗歌的各种可能性,并都达到了极高的境界。如果说此前李白是在感受、认识这个世界,并让这个世界认识自己,那此后他更多的是在思考,在与这个世界取得和解。

李白:帝师是做不成了,那就勉为其难地做个名传千古的诗仙吧!委屈我了。

诗仙与诗圣的相逢

有些人,我们觉得他们应该会面,比如李白与王维。他们很可能是同一年出生的,是同龄人。天宝元年,李白入长安时,王维也正在长安做官,上朝上得还很高兴,不时回来写诗记一下:我今天也很勤劳地上班去了,下一次辞职是什么时候(王维经常弃官)?按说两人应该能会面,仙与佛的相遇,不知会擦出什么火花。但现实是两人面都没见着,更不用说互相赠诗了。

杜甫和王维也少有交集。有一次,杜甫到蓝田别墅区见一位姓崔的朋友,朋友家对面就是王维的别墅。两家只隔一扇柴门,但这扇柴门紧紧闭锁着。

崔氏东山草堂

杜甫

爱汝玉山草堂静,高秋爽气相鲜新。

有时自发钟磬响,落日更见渔樵人。

盘剥白鸦谷口栗,饭煮青泥坊底芹。

何为西庄王给事,柴门空闭锁松筠。

王给事就是王维。杜甫写这首诗的意思就是：天气很好，景色很好，有吃的有喝的，王维，出来玩。

可惜，这次王维不在。

但，有两个人相遇了。他们的相遇万众期待，千古流传。他们的相遇虽然只有短暂的片刻，却是唐代文学史上的一件盛事。

离开长安后，李白与杜甫相遇，同游于梁宋之间。（高适：还有我！）

值得注意的是，严格来讲其实是三次相遇，只是间隔的时间很短，两人分开之后，又很快重聚了。

第一次相遇是在洛阳。当时李白刚被赐金放还。而杜甫则借住在姑父家，为未来步入仕途做准备。四十四岁的李白与三十三岁的杜甫一见如故，两人短暂同游后，便分手道别，并约好秋天在梁宋一带重会。果然，不久后两人如约相聚。他们一起去了梁园，瞻仰了梁王的宫殿遗址，一起去孟诸大泽打猎，登临怀古，把酒论文。玩得还比较疯，在单父城的东楼上一面看着歌舞一面喝酒，通宵达旦，乐此不疲。这段时间应该是李白精神上最痛苦的时期，痛饮高歌是可以理解的。杜甫和高适陪着他。

高适告辞后，杜甫和李白一起去王屋山寻访道士华盖君，不料华盖君已经死了，只有弟子和一间白茅盖的道观。然后两人就分开了，李白前去安陵请道士盖寰替他造道箓，再去济南由天师高如贵将道箓授予他。授予道箓后，他就是正式的道士了。而后李白还去拜见了李邕。对的，就是《上李邕》的李邕。李邕其实是个很有才华的人，仕途也走得很顺，一度成为拜相的热门人选。两个都想当宰相的人不知这时候会谈些什么。两年之后，李邕在刑讯中被杖杀。

第三次相遇，是杜甫到李白在东鲁的家中拜访。两人的关系表现得相当亲密，"醉眠秋共被，携手日同行"。杜甫把李白当成了兄弟。他们一起去拜访隐士，还跟着著名的道士董炼师学炼丹。其中最有趣的，便是去范十隐居处。幸运的是这一天，两人都写下了"游记"，并流传下来。

寻鲁城北范居士失道落苍耳中见范置酒摘苍耳作

李白

雁度秋色远，日静无云时。
客心不自得，浩漫将何之。
忽忆范野人，闲园养幽姿。
茫然起逸兴，但恐行来迟。
城壕失往路，马首迷荒陂。
不惜翠云裘，遂为苍耳欺。
入门且一笑，把臂君为谁。
酒客爱秋蔬，山盘荐霜梨。
他筵不下箸，此席忘朝饥。
酸枣垂北郭，寒瓜蔓东篱。
还倾四五酌，自咏猛虎词。
近作十日欢，远为千载期。
风流自簸荡，谑浪偏相宜。
酣来上马去，却笑高阳池。

与李十二白同寻范十隐居

杜甫

李侯有佳句，往往似阴铿。
余亦东蒙客，怜君如弟兄。
醉眠秋共被，携手日同行。
更想幽期处，还寻北郭生。
入门高兴发，侍立小童清。
落景闻寒杵，屯云对古城。
向来吟橘颂，谁欲讨莼羹。
不愿论簪笏，悠悠沧海情。

听说兖州附近，住着一位名叫范十的居士，李白便叫上杜甫一起去拜访。从李杜二人的诗作中，我们可以构想出那一天的情景。一个秋高气爽之日，在李白倡议下，二人骑马出发，寻访范居士的庄园。庄园离兖州不远，李白估摸着也不是第一次来，本该顺风顺水地到目的地。可没想到，路上发生了小小的意外。本该熟门熟路的李白竟然迷路了。"城壕失往路，马首迷荒陂。"心急找路的时候，李白还一不小心摔落在苍耳丛中。"不惜翠云裘，遂为苍耳欺。"那袭名贵得不可方物的翠云裘，竟被小小苍耳给欺负了。这两句看似简单，其实很有趣味。把一枚枚苍耳写得好像有知觉、有情绪的小怪物一样，趁迷路故意来欺负我。这当然不是真的责怪，而是风趣的调侃而已。

而这时杜甫在做什么呢？李白的诗中没有特意提到，想必杜甫一头雾水，跟着李白在荒野里瞎逛，一起迷路，一头扎进苍耳堆。一番折腾，两人好不容易找到了范十的庄园。一进门就把范居士吓了一跳，这不是李白吗，怎么满头满身的苍耳。于是拉着手问：李兄，谁把你搞成这个样子？李白毫不在意，挥挥手说，范兄你先别问了，且去准备好酒，不仅是好酒，还有和好酒搭配的"秋蔬"，赶紧给我端上来吧。

你看，李白一进门，就支使起主人来。常读李白集子就会发现，和朋友交往时李白经常反客为主。难得的是，这种做派一点也不让人讨厌，反而觉得亲切。就这样，我们的诗仙一边指挥主人忙这忙那，一边悠然自得地摘苍耳。

这个时候，杜甫在干吗呢？想必是插不上话，于是用好奇的眼光，看着庄园里的一切。他之后回忆自己所见所感："入门高兴发，侍立小童清。落景闻寒杵，屯云对古城。"这里能看到落日与白云，隐约听得到远处的砧声。进门后觉得眼前一亮，仆童都是那么清雅。诗中所记之物，如砧声、小童都是寻常事物。但诗人写来，却一点也不寻常，带着一丝"奇遇"的意味。

读杜甫的这首诗，我们会发现一个有趣的现象。杜甫对访范十隐居这件事的回忆，像加了一层浪漫的滤镜，似乎李白带他去的不是一个寻常的庄园，而是某篇唐传奇中的秘境。

范十未必是一个很著名的隐士，他的隐居处也不是名山大川。这本是一场普通的寻友之旅，因为和李白在一起，寻常也变成了奇遇。我们设想一下，当李杜二人走后，如果有人追寻着两位诗人的足迹，去"打卡"范十隐居处，多半会失望。这里无非是一处普通的庄园，一切诗意与浪漫，都是由到访这里的人赋予它的。这个人就是李白。用一个并不恰当的比喻，李白就仿佛行走的"美颜滤镜",他所到之处,万物生辉。满是灰尘的阳台观也好,满是杂草的小径也好,景致平常的庄园也好,只要有他在,便会充满诗意的光芒与童真的趣味。

这就是李白给杜甫打开的新世界的大门。杜甫随李白出游的时间并不长,可每一次都充满了意外与惊喜。二人一起在洛阳城感受过繁华,在王屋山追寻过仙踪,在隐士庄园吃过秋蔬与霜梨。每一天都像一场奇遇。而在这一次次奇遇中,杜甫对李白的感受也在改变。"余亦东蒙客,怜君如弟兄",现在的李白,从高不可攀的谪仙,变成了身非骨肉却情同兄弟的亲人。

可惜的是,这一次同游时间也不长。到了冬天,二人便因为各自有事不得不分别。在东石门设宴饯别时,李白写下了《鲁郡东石门送杜二甫》,诗歌结尾处说:"飞蓬各自远,且尽手中杯。"你我皆身如飞蓬,被风吹散,无可奈何,只能饮尽手中此杯。在李白的送别诗中,这一首情绪格外低落。冥冥之中,似乎两人都知道这是最后一次见面。飞蓬无根,江湖路远,两颗闪耀的星辰,从此各自运行,再不相见。

李杜的一生很相似,都有"致君尧舜上"的理想,但都没能做得了高官。活着的时候,他们奔走高门,活得"渺小";但当他们死去后,却渐渐伟大。当我们身无分文时,他们告诉我们"千金散尽还复来";当我们怀疑自己时,他们告诉我们"天生我材必有用";当我们受到挫折与羞辱时,他们告诉我们"仰天大笑出门去,我辈岂是蓬蒿人"。有他们在,我们就不会真正地一无所有。他们并没做出什么伟业,只是把那些沸腾于我们心中但我们无法言喻的美,用我们极为钦服的方式表达了出来。

我们学习他们的生平与诗文,也是为了知晓什么是真正的渺小与伟大。知晓渺小,向往伟大。

❀太白秘参:你知道在唐朝诗仙其实并不专指李白吗?

我们现在说到诗仙,自然而然会想到李白。要说诗仙另有其人,有人肯定会想:谁这么大胆,敢潜称"诗仙"之号?

但其实在整个唐代,被称呼诗仙最多的人,是白居易。

白居易的诗仙之名,首先来自自称:"知我者以为诗仙,不知我者以为诗魔。"等他死后,唐宣宗沿用了这个名号称呼他"缀玉联珠六十年,谁教冥路作诗仙"。牛僧孺也说"诗仙有刘白",除了白居易,又加上了刘禹锡。

贾岛、杜甫也曾被称为诗仙。

这时诗仙更像是个通用的名号,就是诗写得好的意思。白居易是诗仙,但诗仙并不是白居易。

到了宋代,诗仙之名才渐渐与李白统一起来。徐积在《李太白杂言》中直接称呼他为"李诗仙",杨万里更是频繁用诗仙来代称李白。从这个时期开始,诗仙就渐渐与李白画等号,李白是诗仙,诗仙是李白。诗仙成为李白的专用名号。

❀拔剑四顾心茫然

离开长安后,李白回东鲁途经梁宋,与杜甫、高适同游。然后前往济南郡,从高天师授道箓,成为一名真正的道士;同时也成为一位真正的醉客。

他与杜甫等人在单父城饮酒时,醉酒高歌,通宵达旦。如果说李白以前的醉酒是"人设",现在,就多少有些真了,是借酒消愁,而不再是为了彰显自己的形象。

至于成为真正的道士,就更有深意了。之前李白虽然修道,但多少有点游离在外的意思。虽然在少年时期就遇到了司马承祯,并受到了很高的礼遇,但李白并没有跟随司马承祯学道。后来他四方游历时,也多结交著名的道士,与元丹丘更是时常会面。但李白这段时期的修道更像是魏晋时的清谈,以谈玄论道为主。醉酒是他的"人设",修道也是。他并没有像玉真公主那样出家修道,也没有像罗公远等人那样为皇帝炼丹,或者夸说自己会神仙法术。原因或许是李白知道这是假的,或许是他认为自己早就已经是神仙了,不需要修这些长生之术。"天上白玉京,十二楼五城。仙人抚我顶,结发受长生。"我生下来就是仙人。所以一开始李白是"瞧不上"这些炼丹、长生、法术之类伎俩的。

但长安三年之后,他接受道箓,成为真正的道士。他师从董炼师学习炼丹。不仅如此,他还真的开始炼丹。"闭剑琉璃匣,炼丹紫翠房。""弃剑学丹砂,临炉双玉童。"可以看到他开始炼丹是与闭剑、弃剑是一体的,而闭剑、弃剑代表的是什么呢?

就是他之前的帝师之路。

他开始怀疑自己之前的道路,甚至怀疑之前的自己。

唐代有个著名的道士叫罗公远,罗公远号称会法术,还当众与叶法善、金刚三藏比试过,取得了胜利。世间有很多关于他的神异传闻，比如他能隔空取物。有次他向太子借东西：你这件金器好啊，借我使使。太子不但不借，还锁了起来。罗公远没说话转身就走。过会太子打开锁一看，东西不见了！慌忙追过去一看，金器就在罗公远这里。罗公远说，你不借，我就自己取了，我是神仙，锁是锁不住的。还说他会隐身术，还教了皇帝。不过皇帝学得不精，只能隐身子不能隐衣服，而罗公远能连衣服都隐去。

现在我们当然知道这都是假的，仅仅只是传说或障眼法而已。世间没有神仙，也没有法术。但罗公远却留在了玄宗身边，荣宠备至。另一位神仙张果老也被封为银青光禄大夫，而李白却被赐金放还，政治理想再无实现的可能。

李白会怎么想？

离开长安回到东鲁后，李白尝试炼丹，或许多少也受了这些的影响。他仍在沿着惯性想走自己的帝师之路，一种方法不行就换另一种方法。这加深了他的痛苦，因为这种方法是他之前不屑为之的。如果照这样发展下去，我们可能就看不到熟悉的李白了，我们会看到李公远或者李果老，但这样的事情并没有发生。为什么？或许是李白并没有真的想通过炼丹重走帝师之路，相反，他在思考。他在认真地思考这条他走了二十二年的帝师之路，到底还值不值得继续走下去。

这个思考过程持续了大概两年，最后以一首诗作结。

梦游大姥岭留别

海客谈瀛洲，烟涛微茫信难求；

越人语天姥,云霞明灭或可睹。

天姥连天向天横,势拔五岳掩赤城。

天台四万八千丈,对此欲倒东南倾。

我欲因之梦吴越,一夜飞度镜湖月。

湖月照我影,送我至剡溪。

谢公宿处今尚在,渌水荡漾清猿啼。

脚著谢公屐,身登青云梯。

半壁见海日,空中闻天鸡。

千岩万转路不定,迷花倚石忽已暝。

熊咆龙吟殷岩泉,栗深林兮惊层巅。

云青青兮欲雨,水澹澹兮生烟。

列缺霹雳,丘峦崩摧。洞天石扇(一作扉),訇然中开。

青冥浩荡不见底,日月照耀金银台。

霓为衣兮风为马,云之君兮纷纷而来下。

虎鼓瑟兮鸾回车,仙之人兮列如麻。

忽魂悸以魄动,恍惊起而长嗟。

惟觉时之枕席,失向来之烟霞。

世间行乐亦如此,古来万事东流水。

别君去兮何时还?且放白鹿青崖间,须行即骑访名山。

安能摧眉折腰事权贵,使我不得开心颜!

这首诗写于李白要离开东鲁前往越中时,此时身还在东鲁,但他的心已经飞到越中畅游天姥山了,这是前半部分的实写。而后半部分的遇仙、惊醒,应该就是在反思长安三年。"洞天石扉,訇然中开"是他在南陵别儿童入京。"日月照耀金银台""仙之人兮列如麻"是他在长安位列朝班的景象。"忽魂悸以魄动,恍惊起而长嗟",赐金放还,恍如一梦。"世间行乐亦如此,古来万事东流水",是在感慨世事无常,这本是李白诗歌的一个普遍主题,关键在于最后一句"安能摧眉折腰事权贵,使我不得开心颜"。这代表着从天宝三年离开长安到写这首诗时的天宝五年,李白经历了长期的自我否定与思考后得出的一个节点式的结论:抱歉,我还是做不到。

他做不到用炼丹、法术这些骗术求取高官厚禄。

他做不到为了成为帝师,摧眉折腰,不再有开心颜。

他做不到放弃自己张扬的个性、飞纵的神姿,为了衣朱带紫不惜一切代价。

经过这两年的思考,这首诗代表着李白给自己的帝师之路画上了一个句号。他放弃了自己的政治理想。在自我和政治理想之间,李白选择了自我。这对于李白是个痛苦的选择。也因此可以说东鲁的这两年,是李白重新认识自我、坚持自我的过程。

李白的思考并没有停止。如果做不了帝师,我的人生的意义又在哪里呢?这个问题,他苦苦思索了四年。直到天宝九年(750)另一首诗写出后,他才真正找到了答案。

那时他想必已知道,其实在长安之外,还有更广阔的世界。

大唐之外,还有万世千秋。做不了帝师,他的人生才真正地有意义。

❊ 寻访谢安、暂别谢安

写完《梦游天姥吟留别》后,李白离开东鲁,开始了一段长达数年的吴越之游。他先去了扬州,再去金陵,然后是丹阳、吴郡、会稽,登上天台山,然后再次来到金陵。他没有返回东鲁,而是在短暂拜访元丹丘后去了幽州。

李白二十六岁时初至金陵,写《金陵酒肆留别》,而今已经是四十六岁。他登上凤凰台,写下"总为浮云能蔽日,长安不见使人愁"。在丹阳,他写下《丁都护歌》,在这首诗中,他收放自如的艺术手法达到化境。到达会稽,他才知道对他有知遇之恩的贺知章已于前年去世。回到金陵,他遇到了好友崔成甫,他想在谢公墩上营造自己的"名园",之后隐入武陵源,不问世事。他"倒披紫绮裘""崩腾醉中流",以魏晋名士自居,借诗酒以消愁。他狂,他谑,他旁若无人。

他还拜访了兼任庐江太守的吴王,投刺之诗不无要求延揽之意。"襄王怜宋玉,愿入兰台宫",为吴王的美人赋诗赞美。但终究只是过眼云烟,再没有以前干谒时的那股劲头了。

他在想什么?他为什么要来吴越?

《金陵三首》里或许有答案:"晋家南渡日,此地旧长安""苑方秦地少,山似洛阳多"。他身在金陵,看到的却是长安,是洛阳。

很明显,李白还在延续着之前的思考。政治理想是放下了,但他必须要为自己找到新的人生意义。这个问题,他在东鲁找不到答案。在东鲁的思考能让他放下政治理想，但不能更进一步。因为东鲁缺少一点关键的东西，就是谢安。

谢安曾是李白的政治理想的具象化，长期以来，他一直以谢安自比，用着与谢安相同的"以名取人"的制举方式，谋求成为谢安那样的帝师。现在，他放弃了政治理想，想找出新的人生意义但又找不到，很有可能他选择的方法是来到一个谢安的存在感很强的地方，让自己沉浸进去，从而完成一次跨越时空的与谢安之间的对话。用这样一次强仪式感的告别，来探明自己的内心，找出真正的人生意义。

越中这段时期，是李白诗中集中地把自己比作谢安的时期。"谢公正要东山妓""安石东山三十春""东山小妓歌""怅然悲谢安"。他在越中不止一次地拜访过谢安的遗迹，并表达出想要模拟谢安生活的计划。

他是为了抒发自己仍想做宰相的政治理想吗？向世人表明他是宰相之才，此人不出，如苍生何？不。因为他这些计划，并没有付诸实施。他也没有再四处干谒。这一切，只是他投入地、真诚地在进行与谢安之间的对话。

这一次他不是为了让世人看到他是谢安，而是为了让自己有足够的准备，与心中的谢安告别。他在体验一次彻底的悲伤，彻底的放旷，彻底的思考。

这或许是他人生中最重要的一次思考，他需要想得特别清楚，以后都不会反悔。

他思考的结果，是另一首诗。

古风·大雅久不作

大雅久不作,吾衰竟谁陈?
王风委蔓草,战国多荆榛。
龙虎相啖食,兵戈逮狂秦。
正声何微茫,哀怨起骚人。
扬马激颓波,开流荡无垠。
废兴虽万变,宪章亦已沦。
自从建安来,绮丽不足珍。
圣代复元古,垂衣贵清真。
群才属休明,乘运共跃鳞。
文质相炳焕,众星罗秋旻。
我志在删述,垂辉映千春。
希圣如有立,绝笔于获麟。

李白在这首诗中梳理了从周到唐的诗文创作源流,明确地提出了贬斥绮丽、回归正声的艺术主张。首句"大雅久不作"开宗明题,将"大雅"这一最高标准抛了出来,然后从周一直分析到唐,认为总共有四个时期是符合这一标准的,即王风所指的《诗经》时期,骚人所指的《离骚》时期,扬马所指的以扬雄、司马相如为代表的汉赋时期,以及建安七子时期。这四个时期是正声,是大雅,是正确的方向,我们也要沿着它继续发展。诗人客气地吹捧了一下同时代的诗人后,在最后四句里讲明了自己的志向:他要像孔子删述六经一样,进行这个时代的创作,目标是"垂辉映千春",光耀万年。

这应该是李白第一次正面地表述自己在创作上的志向，并将之提升到人生价值的高度。这首诗可以视作李白已经将文学理想提升到比政治理想还要高的地位，换言之，他的个人抱负，已经从帝师彻底地转换为诗仙了。

这就是李白思考的结果。之前的思考让他在自我与政治理想之间选择了自我，而现在的思考则是让他明白了什么才是自我。他把帝师的皮蜕从自我之上剥离后，终于看清了真正的自我：诗家谪仙。

我想，这一刻李白是欣喜的，因为诗仙的这个自我，他一直没有舍弃过，从十五岁时起，他习文、修道、学剑，他用这三者成就他的帝师之路，为自己获取名望，但同时，这三者也是他作为诗仙的投影：才高，好道，任侠。

这个他终于看清的自我，其实从一开始就没离开过他。换句话说，才高、好道、任侠这三道光环，或许本就不是为帝师而设，而是作为诗仙的天然属性。不是诗歌才华阻碍了他成为帝师的道路，而是帝师的幻梦阻碍了他在诗仙之路上一骑绝尘。

想通了这些，他终于可以和他心中的那个谢安，暂时告别了。

❀ 未能忘苍生

李白在金陵遇到了另一个好朋友，崔成甫。

崔成甫跟李白的渊源很深，双方很可能是在天宝二年相识的。当时的陕郡太守韦坚干成了一件大事，他疏通水道，让江淮及山东的租赋可以直接用船运到长安。这是个很大的功绩，因为以前陆运很慢，极为耗费人力。水运又快又便宜，因此得到了玄宗的夸赞。韦坚就想把这件事办得更漂亮些，于是在望春楼下挖了个大湖，请玄宗来观看。玄宗登上楼，就见湖中全是各地来的船，有扬州的，有南海郡的，有宣城的，每艘船上都铺满了当地的特产。绫罗绸缎、铜器、瓷器、酒器、茶器……真有一种万方来朝、天下宝物汇聚长安的盛况。

不光如此，还有一人白衣绿衫，锦半臂，偏袒膊，红罗抹额，领着一百名鲜服靓妆的少女，在最当头的船上大声地唱《得宝歌》。"得宝弘农野，弘农得宝耶！潭里船车闹，扬州铜器多。三郎当殿坐，看唱《得宝歌》。"

据说当时围观的人绵延数里，盛况空前，成为"天宝"这个年号最好的宣传。玄宗龙颜大悦。

这位领着唱《得宝歌》的人，就是崔成甫。

当时李白专门作了首《春日行》称赞此事，很可能就是那时他与崔成甫相识的。此后两人有很多互相酬答的诗。在金陵相遇后，自然也就结伴共游。崔成甫可以说是李白的好友，这从两人的诗中可见一斑。

酬崔侍御

李白

严陵不从万乘游，归卧空山钓碧流。

自是客星辞帝座，元非太白醉扬州。

第三章 从谪仙到谪臣

赠李十二白

崔成甫

我是潇湘放逐臣,君辞明主汉江滨。
天外常求太白老,金陵捉得酒仙人。

崔侍御就是崔成甫。"金陵捉得酒仙人",不是很熟的朋友说不出这样调侃的话来。

崔成甫是被贬到金陵的,境况与李白相似。长安相别,金陵相见,心有戚戚然。崔成甫为亡妻造了两座菩萨像,李白还专门写了铭文,"金镮才辨,玉秀不实,惟佛与佛,乃能知之尔"。不久后崔成甫死在金陵,将诗集托付给李白,李白尽心为其刊行,名为《泽畔吟》,还写了序文。这说明两人关系是真的好。

李白还有个朋友叫崔成辅,也叫崔宗之,就是《饮中八仙歌》里的"宗之潇洒美少年"。崔成辅和崔成甫的区别是,崔成辅有"车"。

崔成甫是受了韦坚案的牵连才被贬谪的。两人或许会谈起,这些年朝中发生的那些事。王昌龄被贬夜郎西,李邕被刑讯致死。韦坚惨案、王忠嗣冤案……河西陇右节度使哥舒翰为了攻下石堡,不惜牺牲数万将士。这与汉武末年穷兵黩武何其相似。国事糜烂的程度,是惊人的。

现在,已经不是当初那个开元"得宝"的时代了。

闻王昌龄左迁龙标遥有此寄

杨花落尽子规啼,闻道龙标过五溪。

我寄愁心与明月，随风直到夜郎西。

题目中的"闻"字，点明此诗是听说王昌龄被贬为龙标县尉时所作。花落时是愁，听子规啼叫"不如归去"是愁，这时候又听闻故人被贬的消息，是愁上加愁。而且贬谪的地方还那么偏远。五溪是指辰、酉、巫、武、沅五条溪水，在唐代都是蛮荒不毛之地，而龙标县还在五溪之外，该是多么荒凉。末句的夜郎不是"夜郎自大"的古夜郎国，而是龙标附近的一个地名，在今湖南辰溪（辰溪就是五溪之一）附近。诗人浪漫地说，我要把我的心和明月一起寄给你，在这个蛮荒之地伴随着你。如果能理解明月对李白的重要性的话，就能理解这句话的真诚。细品诗味，也有嘱托明月替我照拂我友的意思。委婉细腻，而又开阔通透。与《峨眉山月歌》《渡荆门送别》《送友人》同参，就可看出李白在写愁语时的独特之处。离愁别恨，李白总能在特别细腻的笔触之中，呈现出开阔的意境来。或许这就是"哀而不伤"的境界。

❀放不下的国事

前文讲到李白用长达数年的思考放下政治理想，回归文学创作，以克复大雅正声为己任。但这时他又重拾起政治，创作了大量与时局有关的诗文，既有想要玄宗再度奋起的《秦王扫六合》，也有写战争之苦的《战城南》，更有写时局之乱的《夷则格上白鸠拂舞辞》。与时局相关的诗占这个时期创作的很大比重。这与之前是有很大不同的。长安三年，李白虽然开始写边塞诗，但多以书写报国情怀、代言征夫思妇之情为主，虽然也涉及战争之苦，但着墨较少。长安三年后期与离开长安后多抒发自己的怀才不遇，而现在则更多关怀国事。从个人悲剧的书写转向了国家悲剧的书写。这应该也是李白所确定的大雅的重要构成，与他的思考与新的理想息息相关。

李白去了幽州。

幽州是安禄山的大本营。当时是天宝十年（751），距离安史之乱的爆发已不到四年的时间。朝野上下，议论安禄山要反的不止一人。李白选择在这个时刻前往幽州，很难说是像开元二十三年去太原一样，仅仅只是为了游历。李白后来写的一首诗表达了他当时的想法。

赠何七判官昌浩

有时忽惆怅，匡坐至夜分。
平明空啸咤，思欲解世纷。
心随长风去，吹散万里云。
羞作济南生，九十诵古文。
不然拂剑起，沙漠收奇勋。
老死阡陌间，何因扬清芬。
夫子今管乐，英才冠三军。
终与同出处，岂将沮溺群？

李白虽然经过长时间的思考确定了自己的理想，但仍然会"有时忽惆怅"。惆怅的是什么？是对国事的关怀。李白前半生的帝师之路有鲜明的成就个人的色彩，更多是为了建功立业，成就自己可比肩谢安的名声。但这时，李白已经转为很纯粹的"思欲解世纷"，放下了个人的功名，转向对国事民瘼的担忧。

这其实很好理解。李白的前半生是大唐走向极盛的时期，国力与民生都蒸蒸日上。李白的政治理想无法成就的一个很大的原因，其实是当时并没有李白式"帝王师"施展的空间。为什么？四海升平，人民富足，需要的是太平宰相，而非谢安这样的扶大厦于将倾的奇才。但现在不同了，唐王朝如苻坚大军压境下的东晋，危在旦夕。而李白的政治理想也随之改变："思欲解世纷。"所以，他现在前往幽州，以及之后"从逆"追随永王璘，虽然也是政治活动，但已与之前帝师之路的理想完全不同了。

李白的妻子对他前往幽州很不赞同，苦苦阻拦。为什么？太危险了。幽州可是虎狼之地，一不小心便回不来了。但李白仍然坚持前往。

公无渡河

黄河西来决昆仑，咆哮万里触龙门。

波滔天，尧咨嗟。

大禹理百川，儿啼不窥家。

杀湍堙洪水，九州始蚕麻。

其害乃去，茫然风沙。

被发之叟狂而痴，清晨径流欲奚为。

旁人不惜妻止之，公无渡河苦渡之。

虎可搏，河难凭，公果溺死流海湄。

第三章 从谪仙到谪臣

有长鲸白齿若雪山,公乎公乎挂罥于其间。箜篌所悲竟不还。

乐府相和歌辞中有一篇《箜篌引》,相传源于一名白首狂父,披发提壶,非要涉水渡河。他的妻子追上来想要阻止他,却已来不及了,狂父被淹死。妻子十分悲伤,弹着箜篌唱出了凄婉感人的《箜篌引》。这首诗看似在写这个传说,却与李白要渡过黄河前往幽州、妻子苦苦劝他不要前去的景象完全相符,不能不说是李白的自况。他对自己此行像是那个不听劝告的狂父,极有可能会死在幽州的前景非常清楚。"被发之叟狂而痴""公果溺死流海湄"。但惟其如此,才能看出他关怀国事民瘼的真诚。

李白去了幽州。在那里,他亲眼看到了安禄山的虎狼之师与谋反的企图。但他终究无能为力。为什么?

当时朝廷中认为安禄山将反的人很多,最著名的就是杨国忠。杨国忠够位高权重吧?但也无法说动玄宗那颗信任安禄山的心。李白前往幽州像那名不听劝告的狂父,玄宗又何尝不是?玄宗信任安禄山到了什么程度呢,谁说安禄山反就把他送给安禄山。

"虎可搏,河难凭。"为什么虎可搏?因为虎虽然凶猛,但我可以努力,使劲打,我很有可能打得过它,实在打不过我还可以逃。但河不行。你无能为力,你只能眼睁睁地看着那个无法说服的人和自己一道被淹死。

这首《公无渡河》中的披发之叟,既是说李白自己,又是在说唐玄宗。

据说后来李白又去了一次长安,带着在幽州打探来的情报四处奔波,想要引起朝廷的注意。他大声疾呼,想告诉每个人,战乱要来了,他想提前预警,止住这场战乱。但,他的努力,终究不过是一场空。

安史之乱,已在酝酿之中。

✿ 太白秘参:李白最好的朋友是谁?

李白一生中有无数的朋友,耳熟能详的就有汪伦,魏万,孟浩然,贺知章,杜甫,元丹丘,崔成甫,宋若思等。他们与李白的交情都不浅。汪伦不必说了,"桃花潭水深千尺,不及汪伦送我情"。魏万身为李白第一粉丝,千里追星,为李白出"专辑",李白也对这个"小迷弟"赞赏有加。李白与孟浩然同游数月,贺知章更是金龟换酒,为李白买下大唐第一热榜。杜甫迷李白的程度不亚于魏万。元丹丘从年少时就是李白的朋友,一直持续一生。崔成甫死后,李白替他出"专辑"。宋若思在李白最困难的时候没有像其他人那样"世人皆欲杀",而是想方设法营救他,还让他进入自己的幕府,如此患难真情,怎能不是真朋友?

那么李白最好的朋友是谁?

这怎么评?哪有这样的标准?

其实还真可能有个标准,就是以李白写给对方的诗的数量。

如此,李白最好的朋友的桂冠,毫无悬念地落到了元丹丘头上。加上《凤笙篇》,李白写给元丹丘的诗超过了十五首,这还不算《将进酒》。纵观李白的一生,说元丹丘是他最好的朋友,应该无异议吧？元丹丘与李白在蜀中就相识，并且结为好友，李白没钱的时候，他借钱给李白，李白称他为兄弟，还想把家搬过来和元丹丘同居，李白能入京拜翰林也是他向玉真公主推举的。元丹丘对李白真是好到没话说。

所以这个标准还是有一定道理的。

但是，想不到的来了，有另一个人，李白赠诗的数量竟然差点就超过元丹丘。

这个人是崔成甫。李白赠了他十四首诗。不仅如此，李白还给他写铭，写诗集的序，加上这些文字，数量比元丹丘还多。

李白与崔成甫相识时，崔成甫是翩翩少年，在广运潭中着锦半臂领着上百名少女唱《得宝歌》，胜擅一时风流。李白写《春日行》赞美此事。正所谓珠联璧合，惺惺相惜。而后再见，就是李白被赐金放还回到东鲁之时。再次相遇是在金陵，李白吴越之游时。第四次则是在宣城。

从几次相遇可以看出，崔成甫的行迹与李白近似，际遇也是如此。李白被赐金放还，崔成甫则被贬官。两人比较有共同语言。崔成甫的诗写得不错，李白称其为"风雅之什"，说明其与李白的文学情趣是相通的。两人几次酬唱，这是李白赠诗较多的原因。

崔成甫比李白小十几岁，但死得早很多。死前遭遇妻亡子丧之痛，令人感伤。

❀ 又一位相国家小姐

大约在天宝五年，李白续娶了第二位妻子。

新娘子姓宗，也是相国的孙女。这样看，李白的择偶标准很稳定。她的祖父是大名鼎鼎的宗楚客，武则天时期就做到了宰相，唐中宗即位后仍然是宰相，韦后时期名列"心腹"，不出意料，玄宗登基后被诛杀。

宗楚客最出名的事迹是监察御史崔琬向皇帝告他，他不但不认罪，还当着皇帝的面反告御史诬陷，大言自己忠鲠。魔幻的一幕来了，唐中宗不敢追查。怎么办呢？请这两个人喝酒，让他们结为异姓兄弟。唐中宗因此得了个"和事天子"的外号。宗楚客权倾朝野可见一斑。

李白与宗氏夫人的结缡还有一段"千金买壁"的佳话。李白被赐金放还后来到梁园游历，一时感慨，就在某处寺庙的粉墙上写下了《梁甫吟》。李白的书法是很有功力的（可参看现在还存世的《上阳台帖》），笔画飘逸，豪气雄健。可惜寺里的和尚眼拙，觉得他把好端端的粉墙弄脏了，就想擦掉。恰好被宗氏夫人看到了。宗氏夫人一见惊艳，就花千金买下这堵粉墙，条件是永远保留着墙上的诗。李白听到此事后，觉得遇到了知音。相国小姐易得，能懂我李白的难求啊。于是上门求亲。从学术上说，这个故事可信度不高，但从传说的角度上看，则颇为精彩，大有"美人巨眼识英雄"的意思，姑且存之。

历史上并没有宗氏夫人能文的记载留下来，但她与李白有个共同的爱好就是修道。李白在给元丹丘的信中就写过"拙妻好乘鸾，娇女爱飞鹤"。这应该是两人的感情基础。从零星的记载中能看出，宗氏夫人是较有政治远见的。李白去幽州之时她苦苦阻拦，后来隐居庐山，永王璘起兵时来请李白出山，宗氏夫人也劝阻李白不要前往。宗氏夫人两次看出李白会把自己置于巨大的危险中，但李白并没有听从。后来李白入狱，当诛，宗氏夫人与崔涣、宋若思鼎力营救，李白被流放夜郎时也与弟弟宗璟一路相送。而已荣升节度使之位的高适，据传此时仅仅只是派人带了一句话"管仲难救鲍叔卿"。反衬出宗氏夫人与李白的患难情深。

李白写给宗氏夫人的诗有十几首之多，《秋浦寄内》《别内赴征》《在寻阳非所寄内》等。李白寄给宗氏夫人的诗都如同白话，不知是不是宗氏夫人不能文的原因。但正是这样的白话，让这些诗有某种不能言喻的真情在里面。试录如下：

虽不同辛苦，怆离各自居。我自入秋浦，三年北信疏。红颜愁落尽，白发不能除。(《秋浦寄内》)

出门妻子强牵衣，问我西行几日归。(《别内赴征三首》)

估客发大楼，知君在秋浦。……安得秦吉了，为人道寸心。(《自代内赠》)

尤其"出门妻子强牵衣，问我西行几日归"这两句，平白直叙，不求文采，只有真情。

大约这就是老来夫妻吧。

❀ 相看不厌的一座山、一座城

从幽州回来后，李白眼中的世界是什么样子？是"世道日交丧，浇风散淳源""玄风变太古，道丧无时还""王风何怨怒，世道终纷拏""奸臣欲窃位，树党自相群"。还是他在《大雅久不作》中写的"圣代复元古，垂衣贵清真。群才属休明，乘运共跃鳞"的一片祥和吗？

不是了。

李白深感无力。他想"解世纷"，去了幽州，据说还去了趟长安，想把在幽州搜集到的安禄山想反的证据通过朝中大臣递交给玄宗，他想为国家尽一份力。但他发现他什么都做不了。任何人都无法说服玄宗，在这件事上玄宗就是那么执拗。大家只能眼睁睁地看着大厦的倾倒。

这时，宣城郡长史李昭来信邀请他去宣城。"继余霞成绮之句，赋临风怀谢之章，舍兄其谁哉！""谢"是谢朓，南朝齐著名诗人，文学成就极高，"余霞散成绮，澄江静如练"之句千古流传。这恰好触动了李白的心怀。放下政治理想之后，他在越中与谢安告别，这个一直作为他的政治理想的具象化的人物成了过往。现在他确立了新的人生理想：大雅之道，它需要一个新的具象化的人物，谢朓无疑是个很好的选择。据范传正的记载，李白曾留下遗嘱给他的后人，死后要葬在青山与谢朓为邻，说明他的确将谢朓当成了自己艺术理想的具象化的人物。李昭的来信，无疑正中李白的下怀，于是带着满囊道书，南下宣城。按安旗先生

的编年,《横江词》就作于此行途中:

> 海神东过恶风回,浪打天门石壁开。
> 浙江八月何如此?涛似连山喷雪来。

与《望天门山》何其相似。也是淡淡的一句"天门",但《望天门山》让人想到的是崔嵬神异的山海奇境,而现在的《横江词》,却总有种愤懑与郁结。

宣城很远,离长安远,离幽州更远。宣城很静,中原已经乱象频仍了,这里仍然一片富庶祥和。这里有谢朓楼,有敬亭山,有秋浦,还有再度重逢的好友崔成甫,有看重李白的长史、司户、太守。李白放下了那些愤懑,不是他不再关心国事,而是他在知道自己不可为之后,全身心地投入到他的艺术理想——恢复大雅之中。

宣州谢朓楼饯别校书叔云

弃我去者,昨日之日不可留;
乱我心者,今日之日多烦忧。
长风万里送秋雁,对此可以酣高楼。
蓬莱文章建安骨,中间小谢又清发。
俱怀逸兴壮思飞,欲上青天揽明月。
抽刀断水水更流,举杯消愁愁更愁。
人生在世不称意,明朝散发弄扁舟。

他再次将目光放在了"蓬莱文章建安骨"上，如椽妙笔挥动，堂皇沉雄的气象再现，写出了这首大雅之作。他没有被挫折击倒，而是个性再次张扬奋飞，"欲上青天揽明月"。有没有愁？有，很多，越消越多，似水无尽。但李白拿得起，放得下。

经历了长安三年的理想破灭，幽州之行的现实打击后再来看这首诗，不仅只有气盖一世，不仅仅只是胸口一喷就是，而是像他其余的那些一片神行、好到没有"因为……所以……"的诗一样，经过漫长的思考、锤炼，将繁杂、枝叶全都锤炼了去，只把精华呈现出来。

独坐敬亭山

众鸟高飞尽，孤云独去闲。

相看两不厌，只有敬亭山。

敬亭山在宣城北十里，现在仍是风景名胜区。敬亭山不高，最高峰也才三百二十四米，但风景很好。谢朓当年也经常游览此山，写下"要欲追奇趣，即此陵丹梯"（《游敬亭山诗》）的诗作。李昭写信邀请李白来宣城时，也说"北望敬亭崛起于川原之中，横岿若屏障，联绵三十余里，尤为一郡之雄秀。此高人逸士所必仰止而快登也"。历来夸赞山美的诗句不知多少，但李白"相看两不厌，只有敬亭山"一出后，不知令多少后世诗家叹息搁笔。

这首诗体现了李白心灵的平静。上句的"尽"与"闲"用得很巧妙，但对于李白而言也不算出奇。要理解这首诗，重点在"两不厌"和"只有"上。"两不厌"从字面意思看是我不厌敬亭

第三章 从谪仙到谪臣

山,敬亭山也不厌我。敬亭山不可能厌谁,所以本质还是"我不厌我"。这就可以上推至"安能摧眉折腰事权贵,使我不得开心颜"和"大雅久不作",显示出这平静中既有放下政治理想的洒脱,又有看着自己的累累诗篇,有望实现"我志在删述"的艺术理想的释然。"只有"就是不是泰山,不是华山,不是嵩山,只有敬亭山能达到这种"两不厌"的状态。我眼中只有敬亭山,敬亭山眼中也只有我。

在这片山水中,在"临风怀谢公"的余想中,李白看到,自己的心灵依旧空灵清迥,可以如莲叶一般落在群山与历史中。他如一缕光,照见自我,心如宝树。他有一片花,千首诗,他曾求大雅之道,而今已窥门径。他仰视无愧前贤,俯察不昧后世,因此可以物我两忘,身在红尘中,心远天地外。

这首诗似乎是个节点。李白或许到此刻才真正看清了自己,完成了与自我的和解。要认识长安三年之后的李白,一定要记住《梦游天姥吟留别》《大雅久不作》《独坐敬亭山》这三首诗,它们是三个节点,很清楚地记述了李白的心路波折。

也因此,我们要说,李白来宣城,不是为了寻一处桃花源或者逃避,而是为了追寻谢朓,追寻自己的艺术理想。

长安三年之后,李白的游历与之前已大有不同。以前的主要目的是干谒,但长安三年之后就几乎与干谒无关。从梁宋到东鲁这段时期,是在否定自我,以《梦游天姥吟留别》为结束,李白放弃了"帝师"理想。吴越之游追寻谢安,是在放弃"帝师"理想后重新寻找自己的人生目标,最终确立了艺术理想的主导地位。这个阶段以《王风·大雅久不作》为结束。宣城之游追寻谢

133

胱，最终完成自我和解，认为自己必将实现艺术理想，就以这首《独坐敬亭山》为结束。中间他一度前往幽州，是重拾政治理想，但此时已不再想做帝师，转而关怀国事民瘼。这也再次印证了他已与之前的自己道别。

长安三年后，李白虽然跟之前一样四处游历，目标已发生了根本性的变化，转向追寻自我的人生价值。忽视这一点，就不能很好地理解李白这个人，就会受一些偏见的影响，把目光过多地集中在李白能不能做得成官上。

李白在宣城还遇到了一个人，他就是汪伦。

关于汪伦，有个有趣的故事，说汪伦想邀请李白但又怕李白不来，就说他这里有"十里桃花，万家酒肆"，请李白来赏花饮酒。李白一听这正合我意，就来了。来了一看，一片桃花都没有，酒肆也只有很小的一家。汪伦，你骗人啊。汪伦就说，我们这里的桃花不是指树，而是这里的潭水，叫桃花潭。酒肆呢，是姓万的开的，所以叫万家酒肆。十里桃花潭水，一间万家酒肆，没说错啊。汪伦虽然把李白骗了来，但他确实热情好客，李白乘兴而来，尽兴而归。临走时，写下了著名的《赠汪伦》：

> 李白乘舟将欲行，忽闻岸上踏歌声。
> 桃花潭水深千尺，不及汪伦送我情。

李白同年还写过两首《过汪氏别业》，汪氏很可能就是汪伦。诗中记载了自己受到的盛情款待。"我来感意气，捶炰列珍羞""酒酣欲起舞，四座歌相催"。从《赠汪伦》诗中"忽闻"两个字来看，有出乎意料之意，似乎是没想到汪伦会来送自己。因为前一天，两人已经正式的饯别过了，今天不必再送行。但他恰恰来了。踏歌在唐代指的是连手而歌，踏地以为节。什么意思呢？就是很多人手拉手一起唱。汪伦不但来了，而且不是一个人来，还带着气氛组。很多人一起拉着手，远远地踏节唱歌，响彻整个桃花潭。如此，李白即便没有看到桃花，也没什么遗憾了。

沈德潜评这首诗："若说汪伦之情比于潭水千尺，便是凡语，妙境只在一转换间。"我觉得这首诗真正好的地方，在于李白能看到别人的好，并且记住。别人写离别会写伤感，写彼此的友情，但李白写的却是汪伦的情义有多深。汪伦不顾路途遥远前来送行，用心做了踏歌送行的策划，李白都看在眼里，非常感动，并极尽所能地夸赞。李白把自己的感性与浪漫用在念别人的好上了。他被汪伦感动了，所以我们才能被他感动。

在宣城的这段岁月，李白过得很清闲。当发现自己无法再为政治理想做什么时，他选择了放下，先去成就艺术理想。他做到了。长此以往，他会写出更多大雅之作来，但是，时代不会给他这么多时间，安史之乱，真的就要来了。

❀安史之乱

天宝十四年（755），安禄山在范阳起兵，先克洛阳，再克长安，玄宗被逼逃往蜀中。后人引以为傲的开元盛世因此终结，唐王朝陷入长达八年的战乱中，再也没有恢复兴盛。

其实安史之乱是完全可以避免的。

安禄山一开始并不想反,为什么?因为他觉得玄宗对他实在太好了,而他跟太子不对付,他要等玄宗驾崩了再造反。假设玄宗驾崩后,安禄山再反,还能造成这么大伤害吗?不能。按照肃宗的能力以及当时唐王朝的国力,只要准备充分,是可以应对安禄山造反的,唐王朝很可能不会这样元气大伤。

但当时的宰相杨国忠鬼迷心窍,非得让安禄山马上反,晚一点也不行。是安禄山反了也伤不到杨国忠吗?不,安禄山反后,玄宗带着杨国忠逃亡,途中杨国忠就被士兵杀死了。所以安禄山反,杨国忠是会死的,他的性命一点保障都没有。但是安史之乱前,杨国忠用各种方式逼他快点反。蠢得让人恨不得卷着历史书敲打他。

而当安史之乱爆发后,封常青与高仙芝被派往前线与安禄山交战。两人都是名将,虽然打了败仗,但也打得有声有色,如果让他们继续打下去,安禄山也不会攻破长安。但玄宗鬼迷心窍了,非得把两人都杀了。是因为杀了两人还有很多名将吗?不是。接下来不得不让已经中风的老将哥舒翰上前线。这也实在令人不解。

按说就算杀了封常青与高仙芝,让哥舒翰好好打也行。哥舒翰虽然中风,毕竟是曾"横行青海夜带刀,西屠石堡取紫袍"的狠人,战术素养还是有的。只要认认真真地守着潼关,长安就陷落不了。经过多年修建,潼关固若金汤,是一座真正意义上的雄关,安禄山几次都没打下来。然而,杨国忠再次进行了自杀式操作,非得要让哥舒翰死。理由是什么呢?杨国忠怕哥舒翰。哥舒翰接了这么一个烫手山芋,老大不情愿,于是向领导提了个要

第三章 从谪仙到谪臣

求——要玄宗杀掉与他有仇的安思顺。玄宗没怎么犹豫就答应了。杨国忠一看害怕了。因为他也和哥舒翰有仇。仇人一封上书，玄宗就杀了安思顺，要是再上一封要杀我呢？所以杨国忠就要先下手为强，先杀哥舒翰。是潼关失守也伤不到杨国忠吗？不，潼关失守不久，杨国忠就死了。这不是自杀是什么？但当时他非得逼着玄宗杀哥舒翰。方法呢，就是让哥舒翰不去守潼关，出兵去野外跟叛军打。其实当时唐军形势很好，郭子仪、李光弼在后方接连取得战果，只要哥舒翰能守住，说不定潼关还没被攻下来，他们已经把安禄山的老巢给端了。但鬼迷心窍就是鬼迷心窍，结果，哥舒翰是哭着上马，出潼关作战，数十万大军一战即溃，潼关被攻破。

到这一步，还有转圜的余地。就算潼关破了，也可以好好守着长安。长安可是帝都，隋唐两代营建，城高池深，防御堪称地表最强。而在冷兵器时代，守城方比攻城方占的优势绝不是一点半点，而是压倒性的。为了说明这一点，我们举个类似的例子。萧梁时期，侯景作乱，围攻建康台城也就是皇宫，差不多六个月才打下来。这还仅仅只是皇宫，要是整座城尽心防守，攻下来的难度宛如登天。土木堡之变，瓦剌大军围攻北京城，用尽办法也是无功而返。只要好好守住长安，等着各地勤王之兵到达，盛世也亡不了。但玄宗再度鬼迷心窍，潼关刚一破，他就连夜弃城而逃。结果叛军几乎没有遇到任何抵抗，就占据了这座雄城。

逼反安禄山，战前杀高仙芝、封常青，逼哥舒翰出潼关，弃长安城，只要少任何一件，盛世就不会终结。但偏偏它们全都出现了。巧得好像历史给我们开了一个玩笑。

应该说开元盛世是唐玄宗一手缔造的，但也是他一手毁去的。没有任何一位帝王能将盛世推到这一高度，之前没有，之后也没有，但也没有任何一位帝王能把这么厚的家底败到这种程度。

我们必须得了解这些，才能了解当时的人对玄宗的复杂情绪。战争初期及以前的种种表现，让他们对玄宗产生了巨大的失望，这一失望爆发的最高峰就是马嵬坡的那次哗变，他们逼着玄宗杀死了杨国忠与杨贵妃。但同时，他们又一直对玄宗怀着期望，总觉得只要他重新振作，恢复到开元初年那样的英明，弥平叛军、重现盛世就都不是空想。动乱越久，失望也越来越深，但直到玄宗死前，这一期望就算被压到再低，也一直存在，从未真正消失过。

因为玄宗干出了前无古人的丰功伟绩，完成了当时看来不可能的诛韦后、匡扶王室的伟业，还将大唐国力推到了没有人能想到的高度。我们时隔千年仍然引以为傲，可想而知当时的人是多么地钦服，那种印象太深刻了，不可能完全抹去。

而这也是李白对玄宗的情感。

爱之深，也痛之深。

第四章　长庚星落

安史之乱爆发后，李白逃难来到庐山，避居深山之中。他这时哪还有心写什么大雅之作，国事民瘼再度把他的心占满。

天宝十五年（756），逃亡蜀中的玄宗颁下"制置"之诏，任命太子李亨和诸位留在中原的皇子们为各地兵马的统帅，共同讨伐叛军。诏书还未送达，太子李亨已经在灵武称帝，是为唐肃宗。这就是所谓的"双悬日月照乾坤"，两位皇帝同时在位。

玄宗听说肃宗称帝后，终于办了件明白事。他承认了肃宗的皇帝之位，自己则退位称太上皇，让宰相带着传国玉玺前往灵武交给肃宗，并收回之前的"制置"诏令，解了诸位皇子的兵权，并敦促他们臣服于肃宗。至此，玄宗终于表现出了一名政治家的担当，做了对大唐最好的选择。他起于政斗，危机时愿意先放下政斗，成就国家，还是值得称道的。

但皇子们却并不是都有这样的觉悟。其中有一位是永王李璘，他是山南东道、岭南、黔中、江南四道的节度都使，"制置"诏令让他成为四道兵马的统帅，他起了野心，想乘乱割据江南，自己也做皇帝。但这心思被肃宗看穿，于是下诏让他去成都侍奉太上皇，永王璘不从，率领大军以东巡为名，从江陵去往金陵。

太上皇玄宗亲自下诏，将永王璘废为庶人。

与此同时，肃宗任命高适为淮南节度使，与另两路大军一起平永王之叛。

就是这时，李白接受永王璘的征召，成为永王幕府中的一员，还作了十一首《永王东巡歌》。

❀ 误入权力的游戏

永王璘的叛乱仅仅只持续了不到三个月，就兵败被杀。李白被捕，投入浔阳狱中，经多方营救，仍然被判流放夜郎。这就是李白备受诟病的"从逆"。

有人说李白仍然想做帝师，明知道永王璘想谋反，但为了做帝师利欲熏心，弃明投暗。他自己在《永王东巡歌》里不就这么写的吗？"但用东山谢安石，为君谈笑静胡沙。"

有人说李白政治觉悟不高，看不出永王璘想谋反。

李白看不出永王璘想谋反吗？

李白入永王幕府时，"制置"诏名传天下，他是知道的。但玄宗废永王为庶人的诏书还未传过来，因此，是存在他不知道永王璘谋反的可能的。

但永王璘在大肆招兵买马时，肃宗一眼就看出了他的心思；永王没有去成都侍奉太上皇，玄宗立即将他废为庶人。这说明在两位皇帝眼中，永王想做什么他们是很清楚的。高适很早就对肃宗预言永王必败，著名隐士萧颖士在接到永王招纳时，理都没理他。这说明当时看出永王野心的人很多。在此情况下，仅仅凭诏书到没到来判断李白是否知道永王谋反，是不够的。仅仅用一句政治觉悟不够高来遮掩，也是不够的。

李白应召入永王幕时，宗氏夫人劝阻过他，但李白没听。劝阻，说明对此行的担忧。永王招纳李白时，礼遇非常隆重，派李白的友人韦子春三顾茅庐，给足了李白面子。如果此行的目的是富贵，那不应该在受到如此礼遇时还担忧。李白离家时给妻子写了三首诗。

别内赴征三首

王命三征去未还，明朝离别出吴关。
白玉高楼看不见，相思须上望夫山。

出门妻子强牵衣，问我西行几日归。
归时倘佩黄金印，莫学苏秦不下机。

翡翠为楼金作梯，谁人独宿倚门啼。
夜坐寒灯连晓月，行行泪尽楚关西。

用三句话来概括，第一首是，我要走了；第二首是，别生气了；第三首是，我会想你的。虽然诗中提到了黄金印，但对比《南陵别儿童入京》，情绪是截然不同的：

白酒新熟山中归，黄鸡啄黍秋正肥。
呼童烹鸡酌白酒，儿女嬉笑牵人衣。

> 高歌取醉欲自慰，起舞落日争光辉。
> 游说万乘苦不早，著鞭跨马涉远道。
> 会稽愚妇轻买臣，余亦辞家西入秦。
> 仰天大笑出门去，我辈岂是蓬蒿人。

第一句是喜，第二句是喜，第三句是喜，第四句是喜。最后"仰天大笑出门去，我辈岂是蓬蒿人"是喜到极处。

而《别内赴征》呢？悲。就算是黄金印，也是"倘佩"，就是要相信我还是有可能富贵归来。说明李白对此去取得富贵抱着悲观的态度。从这一点来看，李白是出于做帝师的目的而入永王幕，就有点不太可能。

其次，对比他南陵别儿童入京后在玄宗身边做的那些事，狂傲不羁，树立谪仙的形象，张扬个性。但入了永王幕呢？他只干两件事，喝酒、写诗。他帮着永王招揽别的人才了吗？没有。他对军国大事出谋划策了吗？是的，他在诗中也献了几策，比如建都金陵。但要看到一点，就是永王东巡代表着永王已经确立建都金陵这一策略了，李白更像是在咏赞永王的策略，而非建言永王这么做。他在永王幕府中所做的事，我更愿用一个词来形容，就是"本分"。

再次，李白要求官职了吗？没有。韦子春三顾茅庐来请，李白是可以乘机提一些要求的。他要是为了做帝师而入永王幕，为什么不提要求呢？他没有。而他在永王幕府里也没有特殊的地位，仍然像个文学侍从。一个文学侍从，对他就有那么大的吸引力吗？

第四章 长庚星落

综上所述，我不认为李白没看出永王谋反的可能，也不认为李白是为了实现做帝师的政治理想而入永王幕。

我们可以梳理一下李白之前的心路历程。

《梦游天姥吟留别》，代表着李白放下了帝师的政治理想：对不起，我还是做不到。

《大雅久不作》，代表着李白把艺术理想确定为自己最高的人生追求。

《独坐敬亭山》，代表着李白与自我的和解，他认为自己的艺术理想必会实现。

幽州行，则代表着李白重拾了政治理想，而此时李白的政治理想已从个人建功立业转为对国事民瘼的关怀，他想为这个战乱的国家做点事。他几次努力，但是求告无门，有力无处使。

现在，有一个机会摆在他面前。是的，这个机会很糟糕，连萧颖士、宗氏夫人都看出这个机会蕴藏着极大的危险，很可能让他身败名裂。但这毕竟是个机会。

这一年，李白五十六岁。距离他人生的尽头，只有短短七年。

而他对于文学的追求，也大体实现了。我相信，以李白对于诗歌的理解，这时的他应该知道，自己的诗文是会"垂辉耀千春"的。

那么，现在他可以为国事民瘼做一点事。是的，有可能身败名裂，但也有可能真的做点事。

一个贯穿千年的声音响起：去吗？

李白回答：去啊。

一身孤勇。

李白从来不是个谙熟趋利避害的人。他不会逢迎，不懂得巴结上司，也不会把钱花在那些"该花"的地方，且并不熟知官场的那些套路并让自己获利。

他不能在这场皇子纷争中坚定地站在肃宗一方，为自己捞取足够的政治资本，还收获眼光远大的美名。

是他真的不懂吗？

李白熟读史书，说他不懂，未免太小瞧了他。

不但他不懂，杜甫也不懂，明知道肃宗厌恶房琯，仍执意营救他。王维也不懂。孟浩然也不懂。

或许他们不是不懂，而是太懂了，他们明白比起现世的富贵，后世之名更重要。如果富贵需要牺牲人格来取得，那他们宁愿不要。或许正是这份风骨，让他们能写出么多让我们今天都叹服的诗篇。

李白入狱后，有几个人曾热心营救过。首先，便是宗氏夫人，其次还有江南宣慰使崔涣和御史中丞宋若思。半年之后，李白终于被释放出狱。原因是肃宗不愿背上杀死自己亲弟弟的恶名，就把杀死永王璘的罪名全都推到皇甫侁身上，这样永王璘就不是谋反，李白也就不是从逆了。宋若思将李白留在自己的幕府里，并想将他重新推举给朝廷。这本是个喜庆的结局，但圣旨降下时所有人都大失所望：李白仍然是罪人，被判流放夜郎。

宋若思、崔涣二人与李白并非有多么深的交情，但李白入狱后他们真心诚意地营救。而真的与李白有交情的高适呢？

李白入狱时，高适位高权重，圣眷甚隆，李白想求他救救自己。尤其是永王璘的罪名已不是谋反之后，赦免李白并不是什么大事。

李白也这样想，于是写了一首《送张秀才谒高中丞》，托一个叫张秀才的人带给高适。诗歌前有序：

余时系浔阳狱中，正读留侯传。秀才张孟熊蕴灭胡之策，将之广陵，谒高中丞。余嘉子房之风，感激于斯人。因作是诗送之。

从序中就能看出，李白这首诗有三层意思：

首先，将高适比作汉代张良，大加赞扬。

其次，辩解自己本无心从逆，而是被裹挟至此，"玉石俱烧焚"。

最后，说明自己当时下狱的苦楚，委婉地表达了向高适求救的意思。

不久后，张秀才寄了一首小诗回来：

恨君不是季广琛，无权无势更无兵。
一介布衣等尘土，管仲难救鲍叔卿。

季广琛是永王璘的大将，永王璘谋反后，季广琛受到高适的招降，不仅没有获罪，反而升官加爵。而李白却没有。诗意很清楚，不是永王的旧部都不可赦免，而是李白无权无势，不值得赦免。

这首诗艺术浅陋，用语粗俗，不太像高适亲笔。然而考究当时局势，诗可能是假的，表达的意思却未必是空穴来风。不管怎样，李白与高适从此老死不相往来。

两位盛唐大诗人的友谊，始于布衣，却以这样的方式画上句号，真是让人感慨。

❀长流夜郎

如果李白还能想起那首《闻王昌龄左迁龙标遥有此寄》，一定会苦笑着对明月说，上次寄的愁心，不用寄了，我自己也要去夜郎了。

因为，他也被判流放夜郎了。

唐朝的人听说流放夜郎，只有一个反应：为国捐躯的机会还有没有？赶紧来一个！

"等死，死国可乎？"

流放夜郎跟死没有区别。现在可以理解李白听到王昌龄被流放到这里的心情了吧。

但其实，李白流放的夜郎，跟王昌龄流放的夜郎不是一个地方。王昌龄去的夜郎是唐时的夜郎县，即今湖南新晃侗族自治县，有"龙标"和"五溪"这两个地名作参照。而李白所去的夜郎，是古夜郎国，唐黔中道珍州，在今贵州桐梓、正安一带。"夜郎自大"中的"夜郎"指的就是李白流放的这个夜郎，比起王昌龄的夜郎，更偏，更远，更荒凉。

王龙标，现在是不是该您送我愁心与明月了？

758年，李白从浔阳出发，踏上流放之路。这时，离安史之乱终结还有五年。李白采取的策略跟其他人一样，慢慢走，不急。既然不想去夜郎，干吗着急赶路？五月李白抵达江夏，八月到汉阳。江夏、汉阳在哪里？都在现在的武汉市。整整三个月，李白还没走出城。也没人催他，倒是一路不断有人请他赴宴，名满天下的诗仙，此时感受到了人间的温暖。

就是在此途中，他写下了另一首著名的闻笛诗。

与史郎中钦听黄鹤楼上吹笛

一为迁客去长沙，西望长安不见家。
黄鹤楼中吹玉笛，江城五月落梅花。

这首诗中需要细品的是"家"字。看第一句，仿佛已经到了很偏远的地方，但其实这里是哪里？黄鹤楼。回忆之前的《黄鹤楼送孟浩然之广陵》，黄鹤楼在江夏，也就是武汉。九省通衢，武汉在唐代就已经很繁华了，所以它并不偏远。更重要的是，黄鹤楼离安陆仅一百公里。安陆是李白离开蜀中，迎娶许氏夫人后安的第一个家，他的一子一女很可能也出生在此地。这里就是李白的家。那么这个家，是指安陆吗？

打开地图，从黄鹤楼到西安画一条线，安陆正在这条线上。所以如果把这个"家"视为安陆，"西望长安不见家"是符合逻辑的。我要望长安时，被山川遮住，看不到在同一方向上的家。

李白走的是水路，从浔阳出发，经江夏、汉阳到江陵，然后再上溯三峡，去往夜郎。他的夫人宗氏在庐山，恰好是相反的方向，在西安到黄鹤楼的这条线的延长线上。所以，这里的"家"，不太可能指他现在的家庐山。

也不太可能指东鲁，方向不对。是指长安之内吗？不，长安虽大，却从来没有他的家。所以，这个家，指安陆的可能性很大。再考虑得细腻一点，从李白的流放路线来看，黄鹤楼是离安陆最近的地方。在此处想念安陆这个家，是很有可能的。

那为什么说"不见家"呢？因为这个家实际上已经不存在了。李白离开安陆前往东鲁后，就再没在这里住过。据说李白离开安陆的过程并不愉快，所以，这个家，只可能是曾经的家。这个家承载了他许多美好的记忆，现在只剩下回想。在这个家中与他相濡以沫的妻子已经去世，两个孩子在战乱中相隔天涯。安史之乱爆发后，李白曾托友人去接自己的孩子，但并没有明确的记载是否将孩子接到了身边。所以这时李白回望安陆，能看见家吗？能看见家人吗？看不见的原因，并不是山川阻断了他的视线，而是人已不在，物已成墟。

这恰好与长安所代表的"国"一模一样。安史之乱起时，长安沦陷，虽然如今已经收复，但创深痛巨，物是人非。"王侯第宅皆新主，文武衣冠异昔时。"贼炎方炽，战火长燃，不知什么时候结束。那个曾让李白以做帝师为理想的盛世，已不会再见了。

家与国，在回望中，重合在了一起。

景象重合在一起，情绪也重合在一起。

而李白呢？戴罪之身，飘零蛮荒。上一次送孟浩然是去广陵，所以"烟花三月下扬州"，虽有离别之愁但无生死之痛。现在呢？他要去的地方是夜郎，那个只有一县之地却觉得自己比汉还要大的夜郎。他可能永远见不到家（国），永远回不了家（国）。李白的心情如何？

他只是淡淡地说了句"黄鹤楼中吹玉笛，江城五月落梅花"。

通篇竟然没有一个悲字。梅花纷纷而落,在江城的五月。在洛城那个温暖的春夜,李白想过家;而今在这个更为温暖的初夏,李白再次想家。上次想家,他可以回去,现在呢?

他还能回到那个"问余何意栖碧山,笑而不答心自闲"的家中吗?

他只能踏上那荒烟弥漫的征程,离死亡更近,离家更远。

让我们再读一遍这首诗:

一为迁客去长沙,西望长安不见家。黄鹤楼中吹玉笛,江城五月落梅花。

无一悲字,却让人泪下。

❀ 杜甫梦中的李白

梦李白(其二)

杜甫

浮云终日行,游子久不至。
三夜频梦君,情亲见君意。
告归常局促,苦道来不易。
江湖多风波,舟楫恐失坠。
出门搔白首,若负平生志。
冠盖满京华,斯人独憔悴。
孰云网恢恢,将老身反累。

天上何曾有谪仙：李太白别传

> 千秋万岁名，寂寞身后事。

这首诗作于乾元二年（759）秋，这时的杜甫寓居秦州，过了一段相对安稳的生活。而这时，李白却刚刚经历了人生中的至暗时刻。两年前，他因参与永王李璘的幕府受到牵连流放夜郎，这一年的二月遇赦放还。杜甫这时在秦州，地方僻远，只闻李白流放，不知已被赦还。他一方面为李白的遭遇感到不平，另一方面非常思念李白，担心他的安危。就这样日思夜想，甚至数次梦到李白。梦醒后写了两首《梦李白》，我们看到的是第二首。

"浮云终日行，游子久不至。"浮云与游子是诗歌中常见的一对意向。《古诗十九首》中说："浮云蔽白日，游子不顾反。"李白也有"浮云游子意，落日故人情"（《送友人》）的诗句。这两句是说，天上浮云终日飘来飘去，故人却久望不至。杜甫在秦州思念千里外的李白。那时正值战乱，音信难通，因此只能仰望浮云，思念远在天涯的友人。

"三夜频梦君，情亲见君意。"日有所思夜有所梦，因为思念之情太深，以至于连续好几夜都梦到了李白。之后的几句，则是写梦中所见的情景。

"告归常局促，苦道来不易。江湖多风波，舟楫恐失坠。"两人相见后互诉衷肠，难舍难分。到了分别的时候，李白总会满面愁容地感慨，说："我到你这里来一趟，真的很不容易。江湖上波诡云谲，我的小舟随时会沉没。"说完，李白便走出门去。杜甫无法挽留，只能看着他的背影消失在漆黑的夜色中。

这一幕杜甫见过很多次。李白潇洒转身，"挥手自兹去"，奔

第四章 长庚星落

赴山海。杜甫则带着不舍、带着羡慕目送他。这一次不同。李白并不像杜甫记忆中的那样，意气风发、自由不羁，而是寂寞失意、衰朽憔悴的。"出门搔白首，若负平生志。"他不再是光芒万丈的模样，而是壮志未酬，搔白首、叹平生。这一刻，杜甫心中激荡起了万种不平，吟出了掷地有声之句："冠盖满京华，斯人独憔悴。"——长安城中达官贵人冠盖满路，却让这样一个人独自憔悴，何其不公！

"斯人"，直译就是"这样一个人"。看似普通，却包含无尽的深情。"这样一个人"，在此刻的杜甫眼中，李白到底是怎样一个人呢？一个"笔落惊风雨"的天才，一个"痛饮狂歌"的狂客，一个"天子呼来不上船"的酒中仙。而更重要的是，李白也是一个领着他四处探奇冒险的兄长。最初，你以为神奇的是他带你去过的仙山大泽，到后来才明白，神奇的是他本身。和他在一起，平凡的旅程也趣味横生。这就是杜甫眼中的"斯人"。这样一个人、这样一个李白，满长安城的冠盖繁华，都抵不过他一句诗、一杯酒。

杜甫写《梦李白》时，曾听到传言，说李白已经死于贬谪的途中。因此，他以为自己的梦不仅仅是梦，而是李白死后，魂魄恋恋不舍，远赴千里向自己做最后诀别。念及此，杜甫的悲伤便化为悲愤。若不是这些权贵们把持朝纲、争权夺势，这样一个高洁而天真的人，何至于卷入阴谋，蒙冤下狱？杜甫将满城"冠盖"与寂寞"斯人"放在一起，形成鲜明对比。论眼前荣华，前者显赫一时，权倾长安。可论在历史上的分量，满城冠盖，皆不及太白一毫。

最后，诗人发出感慨："孰云网恢恢，将老身反累。千秋万岁名，寂寞身后事。"都说天网恢恢疏而不漏，可为何这样一位才华横溢、一生不羁的诗人，到将老之年，却蒙不白之冤，横遭流放？即便他的诗名能流传千秋万古，可身前遭遇如此不公，所谓不朽，又有何用？

这一句，竟似乎在质疑儒家"立言不朽"的说法。这对于一生奉儒守官的杜甫而言，并不是常见的事。事实上，杜甫当然坚信李白会不朽，会得到"千秋万岁名"，他之所以发出"夫复何用"的感慨，是因为与李白相比，这一切仍不值得。如果说杜甫心中有一架天平，一边放着李白，一边放着满城冠盖，二者的重量天地悬殊。即便把"千秋万岁名"放上去，仍然敌不过前者的分量。这两句诗真正凸显的，不仅是李白诗名的不朽，更是两人友谊的不朽。

有人质疑说，所谓李杜友谊，其实是杜甫"单箭头"的爱。理由是分别后，李白几乎没有作品回忆到杜甫。关于这个问题，我想抛开学术争议，再从杜甫的内心解读一下这段彪炳史册的友情。

大唐盛世里，几乎人人都爱李白，可杜甫的爱却是不同的，他不仅爱"诗无敌"的大唐谪仙，也爱搔白首的寂寞"斯人"。当李白意气风发、寻仙五岳时，他泼一点冷水，送一份劝诫。而当李白蒙上"从逆"的罪名，世人皆欲杀时，他又坚定地站在李白身边。他坚信，无论是挤满京华的权贵、还是流传千秋的声名，在寂寞"斯人"面前，不值一提。

从杜甫的角度而言，与李白的相遇与其说是粉丝追逐偶像的故事，不如说是一个寻找自我的故事。他的爱与理解，不仅仅是对偶像的，也是对心中的另一个自我。李白就像一面镜子，照出杜甫理想的影像——那是他心底想成为，却又注定无法成为的自我。凝视这个影像的过程，也是他审视内心、渐渐成长的过程。若我们从这一点出发，重新审视这段文学史的华彩，或许，会有不同的收获。

❀ 太白秘参：李白的书法与"道法"

诗仙写字是什么样的？

李白还真有一幅墨宝传了下来，还曾在故宫博物院中展出过。它就是大名鼎鼎的《上阳台帖》。

此处的"阳台"，一般认为是指阳台观。阳台观是谁的道观？就是希有鸟——司马承祯。

司马承祯在道教中的地位前文已经说了很多。长安三年被赐金放还后，李白陷入痛苦的自我否定中，有段时间他想转而修仙问道，就与杜甫一起造访了王屋山。他希望能见到司马承祯，跟随他学习道法。

没想到去晚了，司马承祯已经去世了。杜甫还在自己的《昔游》长诗里，记录了两人一起爬越陡峭的王屋山，最终来到阳台观的情景。"玉棺已上天"就是说司马承祯已不在人间，但两人还是不死心，在山上苦等。杜甫说"竟夜伏石阁"，意思是整夜都跪在石头的台阶上，期望有万一之幸，仙人被两人诚心打动，重回人间引渡他们。可想而知，最后什么也没发生。

于是杜甫就觉得上了当。司马承祯号称神仙，自己都没能长生，追寻他留下来的长生之术还有什么意义呢？杜甫写了一首诗劝李白。

赠李白

秋来相顾尚飘蓬，未就丹砂愧葛洪。

痛饮狂歌空度日，飞扬跋扈为谁雄。

你看啊，都已经到秋天了，你我二人依然宛如飘蓬，一事无成。丹砂没有炼成仙药，感到愧对葛洪。李兄你啊，每天都痛饮狂歌，意气飞扬，但最终不为统治者赏识，实在是可叹。

这首诗，是对李白才华和豪情的赏识与赞美，也有一些规箴之意。不要搞这些虚无缥缈的东西了，干点正事吧。

杜甫说得对不对？对。但他还是对此时的李白不够理解，理解不了他正在否定自己、面临着放弃坚持了二十多年的政治理想的痛苦。李白其实从未将修道炼丹作为自己真正的理想，他修道炼丹，并非是选择它、相信它，而是在正视自己的痛苦与焦虑。

李白在上阳观里看到一幅由司马承祯亲笔画的巨幅山水壁画，写下了四行字："山高水长，物象千万，非有老笔，清壮何穷。"

这就是《上阳台帖》。

在李白看来，司马承祯在这幅画里画出了山高水长，画出了气象万千，若不是有这么精妙的笔法，怎么能穷尽大千世界的种种奥妙呢？这个"老笔"，是否就是他之后所说的"大雅"？

第四章 长庚星落

而今每次《上阳台帖》展出时，都有无数人慕名而来，哪怕排上几个小时的队，也要在它面前站上一会儿。他们之中，多数并非书法爱好者，他们是为了李白，为了那个山高水长气象万千的盛唐。笔者有幸为《经典咏流传》谱写过《上阳台帖》的歌词，试着揣测太白心迹，具体内容如下：

你走后　牡丹寂寞

举一杯　只与明月同酌

开一卷　照亮纸色斑驳

一笔残墨　写人间山河

寻仙五岳　仗剑四方

醉一场　白衣笑对侯王

山高水长　物象千万

非有老笔　清壮何穷

不用问你离去的方向

明月是你永驻的故乡

你的名字是苍穹上最亮的星光

是大鹏就要逆风飞翔

哪怕浮云遮蔽了太阳

物象千万　山高水长

目前一般认为，《上阳台帖》是李白的真迹，最重要的原因就是有宋徽宗的背书。宋徽宗亲自写了篇跟帖，坚定地认为这就是李白的真迹，并把证明过程也写了上去，信誓旦旦地说李白还写过另外一篇帖子,我也见过,错不了。我赵佶是大名鼎鼎的书法家,我的眼光没有你高?我赵佶是大名鼎鼎的收藏家,我见过的真迹没有你多?我大宋朝离唐朝那么近,唐朝传给我的东西难道比你少?我说它是真的你信不信?乾隆:我信。来人,把我的印章全都拿来,我要盖满!

❀千里江陵一日还

早发白帝城

朝辞白帝彩云间,千里江陵一日还。

两岸猿声啼不住,轻舟已过万重山。

李白一生写过无数诗,但有三首诗,一读就满面喜气。分别是《山中问答》"问余何事栖碧山",《南陵别儿童入京》"白酒新熟山中归"和《早发白帝城》。《山中问答》喜得自然宁静,《南陵别儿童入京》喜得扬眉吐气,《早发白帝城》则喜得急不可待。

乾元二年,五十九岁的李白在流放途中走到白帝城。夜郎,还在茫茫的远方。

这时,一个喜讯突然传来,因为关中大旱,肃宗传令人赦天下,"流以下原之",就是说流放的罪名都免了。李白免罪了!可以回来了!这对李白是天大之喜。他一刻也不想停留,早上从白帝城坐上船,听着猿猴啼叫就回到了江陵。所谓"巴东三峡巫峡长,猿鸣三声泪沾裳",这时的猿啼,想必也催人泪下,却不是悲伤之泪,而是喜极而泣之泪。

第四章　长庚星落

白帝城在奉节东山上，是座山城，这是"彩云间"的缘由。

奉节离江陵（今荆州）直线距离约三百千米，以长江的实际经行路线，差不多是五百千米，也就是一千华里。南朝盛弘之的《荆州记》里说"朝发白帝，暮到江陵，其间千二百里，虽乘奔御风，不以疾也"。所以常说太白的诗夸张，其实并不。这里的"千里""一日还"并不算夸张，都基于真实。李白用来表达自己的畅快心情，选材特别合适。最最妙的是两个地名勾连得十分流畅，如江河奔流，一泻千里，让人隔着文字都能感到，诗人欣喜若狂，归心似箭。

"朝辞白帝彩云间，千里江陵一日还"和《荆州记》里的"朝发白帝，暮到江陵，其间千二百里"有什么区别吗？有，就是多了"彩云间"这三个字，但感染力强了太多太多。还要注意一下这个"还"字，"还"说明刚从江陵来到白帝城，现在马上要返程。

对比一下来时的速度与回时的速度。回去时是"千里江陵一日还"，从白帝城到江陵只用了一天。来时呢？五月到江夏，八月到汉阳，武汉这一个地方走了三个月。九月到江陵，入冬后才上三峡。三峡就走了三天三夜，什么时候到白帝城的呢？第二年春天。从江陵到白帝城差不多走了五个月。慢的凝滞与快的顺畅，形成鲜明的对比，很好地表达了诗人的两种心情。本诗与《黄鹤楼闻笛》一样，无一字及悲喜，喜气已扑面而来。

再对比来时与回时的心情。来时上三峡"巴水忽可尽，青天无到时""三朝又三暮，不觉鬓成丝"，愁啊，青天都看不到了。过巫山时"天空彩云火"，彩云都没了。结果一听到赦免喜讯，彩云马上满城都是了。

结束流放后,李白寓居江夏。这期间他写了著名的长诗《经乱离后天恩流夜郎忆旧游书怀赠江夏韦太守良宰》:

> 天上白玉京,十二楼五城。
> 仙人抚我顶,结发受长生。
> 误逐世间乐,颇穷理乱情。
> 九十六圣君,浮云挂空名。
> ……

这首诗可以看作是李白对自己一生的总结,从一开始的出生,到学剑、为文,被赐金放还,幽州行,一直到被流放夜郎及回来。其中提到永王璘之祸时说"迫胁上楼船"则是在为自己辩解。然而事实到底是怎样的?是受蒙蔽的无心之过?是被胁迫的身不由己?还是最后一次为理想奋不顾身?千载功过,留与后人评说。

李白抒写自己的一生,当然免不了对自己未能展平生志向的悲叹,但同时他又表达了旷达之情,并没有局限于自己的个人之悲。他的笔墨大篇幅地用在了书写家国之悲上,对时局的忧患占了主要地位。结句,他表达了自己的愿望"安得羿善射,一箭落旄头",希望能有济世雄才,让战乱早日结束。这与他之前的认知是吻合的。

他的好友崔成甫,就是在这段时间去世的。

同时,杜甫写了《梦李白》二首,他一度以为,李白已经死了,魂魄托梦来跟他道别。"水深波浪阔,无使蛟龙得",尸体恐怕都找不到了,但他的名声,会千秋万古长存。

但李白并没有死,他背负着"从逆"的骂名活了下来;他走出"世人皆欲杀"的黑暗,活了下来。

他一面在山水中舒缓心情,一面仍挂怀着自己的"删述之志",以及风雨飘摇的大唐王朝。

❀千秋万岁名

宝应元年(762),名将李光弼出镇临淮,准备收复睢阳。李白听说后,决定赶往彭城行营,跟随杀敌。去的路上他写了一首诗,诗中将自己谦称为"懦夫",将自己白发从军称为申铅刀"一割之用"。

这时的李白已经六十一岁了,离他去世,只有不到两年。他不再是开元年间那个意气风发的少年、睥睨天下的谪仙,一切都变了。唯一不变的,是他希望为国家、为苍生再做一点事的拳拳之心。

李光弼,终结安史之乱的两大功臣之一(另一位是郭子仪),无疑就是李白所认为的"一箭落旄头"的戡乱雄才。但在路上,他病倒了,他最后一次想为国家效力的努力失败了。

他前去投靠当涂县令李阳冰,并在临终前把自己的诗稿托付给他。在李阳冰的照拂下,李白度过了最后一段岁月,他留下的绝笔之作是《临路歌》:

大鹏飞兮振八裔,中天摧兮力不济。
馀风激兮万世,游扶桑兮挂左袂。

> 后人得之传此,仲尼亡兮谁为出涕。

这个一生以大鹏自比的谪仙人,说他飞不动了。

传言,骄傲的野兽会知道自己死亡的时刻,他们死的时候不会让别人知道,他们会默默地走开,来到自己为自己找寻的葬身之地,他们会静静地卧倒,等待死亡的来临。

他们会不会为自己吟咏最后一首歌?

回首自己的一生,他们是卑微地觉得无人会为自己流泪,还是骄傲地觉得自己会辉映万世?

就在李白死去的同一年,唐玄宗、唐肃宗也相继辞世。

我常常想"天宝"究竟是什么意思。是那件从尹喜故宅里找出的宝符,还是广运潭上一船船的宝器?是杨玉环、大明宫,还是《霓裳羽衣曲》?它们都是我们对这个盛世的记忆,当我们提起这两个字时,就会想到它们。我们无法回避它们与这两个字的联系。但,仅仅只是它们吗?不,我们心中的这两个字,是李白的"君不见黄河之水天上来"的咏叹,王维"九天阊阖开宫殿,万国衣冠拜冕旒"的追忆,杜甫"安得广厦千万间,大庇天下寒士俱欢颜"的感怀。没有这些惊艳的人与惊艳的诗篇,这个盛世将毫无光彩。长安再怎么巍峨,唐玄宗再怎么功高,杨玉环再怎么美艳都没有用。正是他们,让它如此独特,如此唯一,成为盛世冠冕上闪亮的明珠。

所以,他们才是"天宝"。

那些他们未曾成为的帝师,时至今日我们已经记不得几个了。随着时间的推移,只会越来越被隐没。唯有这些诗人与诗

第四章　长庚星落

篇，永远留在我们的记忆中，成为我们牙牙学语时的一句"床前明月光"。

我们带着它到异国、异乡，带着它到我们最得意、最失意时，带着它给我们的孩子。我们并没有刻意去坚持什么，但只要我们还有一个人在，它就永远都会被记得。

所以，就回到你来的那轮明月中去吧。

去银河中，九垓上，八极外。

我们知道，你是大鹏。

✿ 明月归处

李白的死因也一度成谜。其中有一种说法是，李白死于疾病。李阳冰在《草堂集序》里就是持这样的观点，他说自己"草稿万卷，手集未修。枕上授简，俾余为序"。李阳冰当时已经要卸任当涂县令了，而这个时候，李白的文集还没来得及整理，所谓"手集未修"是指当时李白已辗转于病榻，没有办法起床，只得在枕上把自己文集的草稿交给李阳冰，希望他能帮自己作序，后来文集未就，李白就去世了。这个说法也得到了中唐诗人皮日休的认同，皮日休曾经写过一首《七爱诗·李翰林》，其中提道："竟遭腐胁疾，醉魄归八极。"说李白的死因是腐胁疾。经过一些医学专家的考证，认为是慢性的胸肺囊肿，到后期会非常痛苦。

还有一种说法认为李白是醉死的，死于饮酒过度。《旧唐书》里边有这样的一个说法，说李白"竟以饮酒过度，醉死于宣城"。其实这和病死说并不算矛盾，因为按照现代医学的观点，饮酒过度也是引发腐肋疾的一个重要原因。

还有一种更浪漫的说法,醉酒捉月而死。《唐摭言》说:"李白着宫锦袍,游采石江中,傲然自得,旁若无人,因醉入水中捉月而死。"大意就是说,李白当时穿着非常华丽的宫锦袍,傲然自得地在采石江中游玩,也根本不顾及旁人的眼光,伸手捉月。由于他当时已经酩酊大醉,所以他分不清水中是月亮的倒影还是真正的月亮,不幸沉水而死。《唐才子传》的记载与此类似,说李白在牛渚矶游玩时,"乘酒捉月,遂沉水中"。这个说法在后世演绎出了很多的传说。我们今天去到采石江边,还能看到捉月亭。不过,宋代洪迈在《容斋随笔》中提出了质疑,他说李阳冰是李白在暮年交往最多的一个人,说李白是病死应该有所依据,李华为李白作的墓志里也持病死说。所以醉酒捉月应该只是不足为信的传闻,与杜甫死于"食白酒牛炙说"[①]类似,都是不足信的。我赞同洪迈的说法,李白应该是死于疾病,而不是这样一个浪漫的醉酒捉月之说。

但值得思考的是,人们为什么要给李白创造出这样的结局。这个结局到后世能够浪漫到什么程度呢,在元杂剧里有一出叫《李太白贬夜郎》,前半段说李白喝醉了之后在水中捞月,落水身亡。而后就展开了一个神仙的世界,说李白落水之后并没有死,而是来到了龙宫,水族神仙都列队欢迎这样的一位诗人,欢迎他结束了在人间的贬谪之期,回到了他一生向往的神仙世界。

---

① 杜甫暮年在江上飘零,地方官送了他白酒和牛肉,杜甫一下子吃得太多,因病去世。

第四章　长庚星落

在后人的诗中也经常看到同样的描写。梅尧臣说："不应暴落饥蛟涎，便当骑鱼上九天"（《采石月赠郭功甫》），周紫芝也有类似说法："投得江心波底月，却归天上玉京仙"（《李太白画像二首》其二）。在后世诗人心中，李白的结局不应该是落在水中，为饥饿的鱼龙蛟所得，而是应该骑鱼而去，直上仙界。"天上白玉京，十二楼五城。仙人抚我顶，结发授长生。"李白在童年时代看到了天上的白玉京，那么在暮年，他也应该回到这里。

正如李白的来处一样，李白的归处存在着很多的争议。但两种争议又不一样，出身之地的争议是因为史料的不足，我们搞不清楚他从何地而来。归宿之争却并非如此。是后人的爱慕与景仰，为他编织了各种美好的结局。我们忍不住去想，李白不应该辗转病榻，不应该死于蛟龙的口中，他就应该如自己在金陵玩月时那样，身着宫锦袍，泛舟江上，旁若无人。最后骑着鲸鱼，绝世而去，归于一轮明月。在现代话剧《李白》中，最后一幕便是李白走着走着，走入了一轮明月之中。

碎叶也好，江油也好，安陆也好，人们为李白考证出很多的故乡，但我们都相信，只有天上的明月，才是他真正的故乡，我们希望他能回到那里，永驻那里。每当我们看到明月，就会想起盛唐，就会想起李白，想起他为我们写下的诗篇。

❀谢家青山

如果我们今天去采石，会发现有两座李白的坟墓，一座是采石江边的李白坟，一座是青山的李白坟。很多人都疑惑，李白为什么会有两处葬地？原因并不复杂，李白当初因病去世之后，先葬在采石。白居易还到坟前凭吊过，写下了"可怜荒垄穷泉骨，曾有惊天动地文"。后来李白被迁葬到龙山，后人经济状况不好，没有办法常去扫墓，坟墓损毁得厉害，连碑都"断仆零落，仅存方尺许"。范传正在采石当地方官时，寻访到李白的孙女。李白的孙女告诉他，祖父最希望葬于青山，因为他希望和自己的偶像谢朓做邻居。当时她们没有能力，只能把他埋葬在龙山。龙山离青山只有六里地，但"地近而非本意"，仍然不是祖父的意思。范传正听到这里，就为李白迁葬，把坟墓改迁到青山。

迁坟后，采石葬地还留下了空坟。宋代赵令畤《侯鲭录》记载："李白坟，在太平州采石镇民家菜圃中，游人亦多留诗，然州之南有青山，乃有正坟。或云太白平生爱谢家青山，葬其处，采石特空坟耳。"

这就是李白有两座坟的原因。它们其实隔得并不远，龙山坟离青山坟只有三公里，两座坟如今都在马鞍山市。

李白葬地之谜，到此也算有个答案了。

后世人凭吊时，最爱去的就是采石的那座空坟。因为这里有醉酒捉月的传说，也因此地依山临水，最能激发人的诗兴。千余年间，这里留下了很多后世诗人的"打卡"诗。明代有个叫梅之焕的人看不下去了，写了首诗嘲讽：

题李太白墓

采石江边一堆土，李白之名高千古。
来来往往一首诗，鲁班门前弄大斧。

第四章 长庚星落

这些来来往往、凑热闹的俗人们,居然好意思在这里写诗?

我去过采石多次,到太白坟前,每当想写几句凭吊时,都赶紧打消了念头。还是只凭吊吧,洒一杯酒,添一抔土。

感谢你,曾谪到人间。

❀ 太白秘参:李白救过郭子仪吗?

据记载,诗仙李白曾经救过平定安史之乱的大功臣郭子仪。而且出处很官方——《新唐书》。

李白到并州(也就是太原)游玩的时候,遇到了郭子仪。郭子仪犯了法,李白救了他。后来李白从逆于永王璘,郭子仪向肃宗请求用自己的官爵换李白免罪,才把李白从狱中救出来,流放到夜郎。

很传奇,是不是很像民间传说?两位绝代之英雄相识相惜,李白识郭子仪于风尘未遇,郭子仪涌泉报答李白。人世间最美好的情感都在里面了。

唐武宗会昌三年(843),裴敬为李白作碑文时也采用了这一说法,只是更具体。郭子仪当时还是个底层将士,犯罪要受到刑责,李白不仅为他免罪,还奖励了他,给他很高的礼遇。郭子仪一直感激在心,等自己封王拜侯时,就来报答李白。

《唐才子传》的记载大同小异。宋人、明人也都这么说。年代越往后,便增加了越多细节:

郭子仪初在行伍,李白客并州,于哥舒翰帐中见之曰:

"此壮士也，目光如火炯人，不十年当拥节旄。"屡脱其刑责。翰因署为牙门将。后子仪定安史乱，历诸道节度，及永王璘败，事干李白，子仪请以官赎翰林，上许之，因而免诛。（明人辑《学圃萱苏》引乐史《李翰林别集序》）

这段话大意是说，郭子仪当初在并州军队时，李白也在并州。在哥舒翰的帐中，李白遇到了郭子仪，不禁赞叹：这真是一位壮士啊，目光如火，光芒照人。不出十年，应当会成为镇守一方的大将。李白还几次为郭子仪脱罪。哥舒翰因此更看重郭子仪，让他当了自己手下的偏将。之后，郭子仪平定安史之乱，功高位尊。等到永王李璘兵败，李白被牵涉获罪。郭子仪于是请求用自己的官爵来抵赎李白的罪过。皇帝同意了，李白因此逃过一死。

据此事，清人李榕给李白题写过一联：

真赏难逢，千古几人如贺监。
大恩不市，平生无语及汾阳。

上联是说贺知章金龟换酒之事。对李白的提携知遇，再没有人能做得比贺知章更好了。而李白虽然对汾阳王郭子仪有恩，但从来没对别人说过。即使郭子仪后来封王，李白也没炫耀过他曾救过此人。

真高士风度，真侠士胸怀。

不过也有人提出了反对意见。理由就是李白游太原时，郭子

第四章 长庚星落

仪已经三十九岁。郭子仪的老爹是寿州刺史，出身名门，自己又很早中了武举，当了官。虽然郭子仪早年的记载比较少，但天宝八年（749），郭子仪五十二岁时已经做到了左武卫大将军，此前历任左卫长、桂州都督府长史、单于都护府副都护、振武军使、安西副都护、北庭副都护等职位，倒推到三十九岁时，怎么都不可能只是个底层士兵，因为李白说情而被免除刑责的可能性就很低了。

因为缺乏史实，无从确定此事的真假。但至少说明，我们愿意传颂这样的故事，因为它听起来真的很动人，符合了我们对友谊的理解，也符合我们对大唐盛世的想象：

那个时代，一位最勇武的将领，一位最天才的诗人，曾经相遇、相知，并为彼此奋不顾身。曾一起支撑起了，盛世的脊梁。

结束语

很多文人都曾到李白在采石江边的坟墓凭吊，但是到此之后的第一感受都是，这坟墓实在是太过简陋了。甚至有人看到之后，觉得它完全是农家田野里边的一处荒冢。比如白居易在《李白墓》中说："采石江边李白坟，绕田无限草连云。可怜荒垄穷泉骨，曾有惊天动地文。但是诗人多薄命，就中沦落不过君。"在那样的荒垄穷泉之下，埋葬着这样一位伟大的诗人，他曾经写过惊天动地的文章。

我们禁不住会想，李白的一生到底是怎样的？他有过平天下的理想，自比谢安，希望能为君"谈笑净胡沙"，但是终其一生，他的抱负都没有实现，哪怕在他最高光的岁月，也仅仅被当作文学侍从。

李白一生以豪侠自比，而侠最重视的就是名誉，但他的名誉却永远笼罩在从逆的污点之下，杜甫所谓"世人皆欲杀""斯人独憔悴"，就是李白被冤枉从逆下狱流放时的真实写照。他经历了那么黑暗的时刻，但是我们很多人想到他，都是想到他"天子呼来不上船"的骄傲，没有看到他在浔阳狱中的痛苦嘶吼。他曾经是那样骄傲的一个人，但是他的后半生辗转流离，痛苦潦倒，不得不寄人篱下，最后在病中唱出《临路歌》：

　　大鹏飞兮振八裔，中天摧兮力不济。

　　化为大鹏、扶摇而上的理想成空；万国来朝、歌舞升平的盛世化为乌有；仙风道骨、宛如神仙的躯体也遍布污垢。他在这样的痛苦中，走完了自己的一生。那么，李白的一生是不是失败的呢？显然不是，他的志向虽然没有实现，他歌咏过的盛世虽然已消失，但是他留下的近千首诗歌至今仍旧光焰万丈。

　　李白曾经评价屈原说"屈平辞赋悬日月，楚王台榭空山丘"。屈原的辞赋至今仍如日月一样照耀，而楚王修造的煌煌宫殿都已化为灰土。李白也一样，他以文学之名，实现了自己"垂辉映千春"的承诺。

　　时间是流逝的，人生是易朽的，但也可以是永恒的，就是在文学中不朽，在诗歌中永恒。至此，请让我们回到李白的童年，回到他诞生的那一刻，他的父母为他起名白，字太白。太白，即金星，是夜空中肉眼可见的最亮的一颗星。李白的名字是苍穹之上最亮的星光，他仅仅六十二年的人生也是一道如星子般的光芒，让我们每一个诵读他的诗篇的人都能从中获得力量，在茫茫的黑夜中，骄傲地抬头，仰望最远处的星光。